法律读库
LAWREADERS

2014年第1辑 总第2辑

主编 赵志刚
李保唐

中国检察出版社

本读库系索引性新媒体阅读指引，所汇编之摘要作品均已首发于传统媒体或网络媒体。由于部分作者无法联系，请未收到转载稿酬的作者及时与编者、出版者联系，以便支付稿酬。

30万粉丝养成记

——新媒体指数访谈简录
（代前言）

■ 新媒体指数
□ 赵志刚

法律读库（lawreaders），法治新媒体阅读管家，每日向用户推送优质法律类文章1篇至4篇。关心时政，启蒙法治，希望通过不懈的努力，让理性之光朗照世间。新媒体指数近日有幸与法律读库的编者——最高人民检察院技术信息研究中心赵志刚对话，聊聊一个法律人的新媒体尝试。

"少即是多"

■ 法律读库是法律界最早创办的微信公号之一，当初为什么会想到创办这样一个公众号？

□ 传播格局在新媒体时代已经发生颠覆式变化，原来观念中的主流媒体开始式微。作为一名长期从事法治传媒的工作者，基于自身志趣，积极投身新媒体传播的实践，是创办微信公号法律读库的主要动机之一。当然，还有一个因素是自我学习的需要，每天读到好的文章，顺手存储到公号，是一个很好的知识积累，也是对自己的监督。

■ 赵老师，您是最高人民检察院技术信息中心的，那么法律读库算是"有靠山"的，是依托政府承办的吗？

□ 创办法律读库是个人行为，但我本人是最高人民检察院的工作人员，难免会让人觉得"有靠山"。

事实上，在每天编选推送文章时，一定会掺杂自己的教育背景和职业角色的影子，比如推送的不少文章，就是检察工作的内容。

■ 法律读库里介绍说，每日会向用户推送文章1篇至4篇，"Less is More，少即是多"。但现在推送数量一般是5篇，多的时候还有7篇。这算是改变了初衷吗？为什么会有这种改变？

□ 现在的信息太芜杂，创办之初我提出"少即是多"的编辑宗旨，长期以来一直坚持着。近一段时间以来，多数推送5篇，是因为现在经常和其他有影响力的公号相互推广，有的读者就此批评，由此增加文章数量，以冲抵广告带来的不太爽的用户体验。

■ 法律读库每天都是转载文章，也有一些阅读量达到10万多字的文章。那么，您对这些文章的选择标准是什么？

□ 用户是用食指投票的，如果连续三天读不到优质的文章，就会果断用食指取消对你的关注。因此，选编与推送文章时要千挑万选，反复斟酌。我以传统媒体把关人的标准甄别，几乎没有接到一次来自微信管理团队的警告。

法律读库选择的标准是：与法治相关，与反腐败相关，传递常识，启迪法治，引发大家思考，当然在这样一个前提下，还要兼顾耐读、好读、不艰涩。

■ 指数君发现这些文章范围很广，除了与法律有关的文章，还有时事评论、历史故事和心理测试等。法律读库号称做法治新媒体的阅读管家，那有没有想过自己原创呢？原创也许会更上一层。

□ 目前法律读库有了一定的品牌影响力，也考虑吸引一些优秀作者加入原创队伍，但是如果没有一个庞大的作者群，支撑每天推送1到3篇的美文是不现实的，况且每个作者不可能做到义务提供原创作品。法律读库没有商业因素，是一个公益阅读平台，目前缺乏原创思路的运作路径。

理念决定通道

■ 在法律读库的微信主页上有一个"法律读库"APP，那么这个APP主要有什么作用？针对什么人群？与微信有什么差别？

□ 所谓的法律读库APP是基于无觅阅读平台之下的一个轻应用，无觅阅读已经关闭了这个应用。法律读库在皮皮微信和爱微帮平台上做了索引页面，主要是供用户在电脑上方便浏览公号的文章。

■ 另外，法律读库也开通了微博（腾讯微博），但是微博和微信内容完全一致。您认为两者其实是一样的吗？

□ 腾讯微博上的法律读库帐号仅仅是供最初注册时认证之用，尽管超过了10万粉丝，但微博现在已经江河日下，与微信平台无法相提并论。法律读库在微博上发一篇文章，仅有上千阅读量，而在公号上的阅读量往往以万计算。

■ 微博粉丝现在有12万，那微信有多少呢？有分析过粉丝构成吗？是不是都是一些法学工作者，还是有其他？

□ 目前法律读库经过两年努力，已经接近30万粉丝，而且粉丝忠诚度高，头条的阅读百分比从未低于10%，最高的头条阅读数甚至超过100万。现在每个月的文章总阅读数量超过400万。读者的构成主要是法律圈，大约占40%，其余的还是社会各界关心法治的人士。

■ 运营期间有没有出现过涨粉的高峰期？有什么成功的推广经历和指数君分享？

□ 运营期间的高峰期来自网络大V童话大王郑渊洁老师的微博推荐，记得那天涨了4000多粉丝，高兴得我一夜没有睡好。优质公号之间经常性的互相推广是增加粉丝的有效手段。

另外，理念决定通道。法律读库致力于"影响有影响力的人"，目标读者是法律界的知识阶层和关心法治的有识之士，借用传播学上的一个概念就是"意见领袖"。这个群体在社会上广受尊重，他们认同法律读库的理念，并将我们的文章分享到朋友圈，在传播上产生核裂变效应，迅速形成口碑效应，不断提升法律读库的传播力、影响力，并形成传播品牌。

致力公益传播

■ 您会帮读者解决法律难题，也会向读者征求解决方案。那么，像这样的互动多吗？分享一个您记忆比较深刻的故事吧！

□ 法律读库其实是一个微社区，不但推送文章，而且还从用户中产生内容，除了接受用户投稿，还可以讨论问题，进行法律咨询。印象深刻的很多，最近就有一位名叫"随遇而安"的读者发来问题：一直被前夫骚扰、跟踪，该怎么办？几百名用户提供了各种各样的对策，有的特别有建设性。

■ 法律读库微信运营目前是您一个人在做吗？具体工作是怎样展开的呢？有没有想过组建一个团队？

□ 很多人都认为法律读库是一个团队在运作，其实两年来确实只是我一个人在具体维护，当然周围有不少好友帮忙推荐文章，但最终编辑推送都是我在深夜进行，基本上没有占用正常工作时间。组建团队是很麻烦的事情，涉及方方面面问题，目前还没有考虑过。

■ 法律读库目前都如何盈利？未来又有什么期望和计划？

□ 法律读库目前是一个公益传播平台，因此没有盈利计划。因为转载涉及版权问题，将来除了推送排除版权纠纷可能的文章之外，主要提供阅读索引，可以通过简要的摘编，提示读者访问文章的原文链接。

目录

VIDEO 视频

2　执法、法官、立法者以及司法独立的斗争

4　科学与法律

6　为什么个人隐私如此重要

8　社交媒介如何能为历史写下新页

10　网络时代的表达与监管

12　为什么智能统计数据是打击犯罪的关键

14　"双十一"朋友圈买到假货怎么办

OPINION 观点

18　上海检察系统吃"螃蟹"，检察官精英化大幕拉开

21　动动司法改革的命根子有多难

22　贪官、赃款与国家安全

24　负面清单，治理模式的重大转变

25　遗产税劫富不济贫

26　关于法律权威的政治学思考

28　最蠢不过遗产税

29　中国刑事司法的十大误区

30　独立审判，准备好没有

31　福山的新声音：什么是治理

32　"媒体死亡"的真相

34　法治应审判至上

36　中纪委变革

38　网络时代的刑法适用

39　切勿让"另案处理"沦为司法潜规则

40　京津冀一体化的法律之维

42　腐败与效率

44　精英司法官何来

46　棱镜泄密案的关键问题

48　"联合国狱警"：我所在的监狱，关的都是老外

50	500 死囚遗言	78	男性亟待纳入性犯罪法律保护范围
52	关于强奸的 23 条谬论	79	遇到危险，救你一命
54	台湾警察的人情味	80	知识分子需要补补女权主义的课
56	香港警察这样维稳	81	他人即地狱
58	台湾法律人的幸福和忧愁	82	不为圣徒便为窃贼
60	中国特色反腐败斗争模式	83	中国性犯罪的量刑尺度
61	司法改革的逻辑	84	香港人为什么不仇富
62	美国的强奸盾牌法	85	皇后的贞节，不容被怀疑
63	从身份到契约	86	褚橙
64	死生契阔，是为一念	87	好人不会受伤害
66	爆炸袭击简易自救手册	88	逃避权利是女人最大的自我陷阱
68	对囚犯的美术疗救	89	死磕律师的道德滑铁卢
70	台湾人的"关说"是什么意思	90	从律师死磕现象看庭审的有效交流
71	廉政公署经验不可复制	91	听贾樟柯讲"罪恶的触发"
72	廉洁年金能否让官员罢贪	92	法律电影题材大观
73	从李某某案到转基因人	93	恐惧伴随着亲密而生
74	雾霾的尽头	94	谁敢拿石头砸那淫妇
76	"贪官经济学"	95	你的宽恕，我的救赎

96	法治是一种许诺,"走在斑马线上是安全的"
97	不该拿的钱不要拿
98	不要把大江大河截成一个个水池子
99	常识的力量,司法的力量
100	司法的基本原理
101	习法是一种修行
102	司法的基本原理之判决书写作
103	司法的基本原理之法官的思维
104	将公款挥霍浪费入罪
105	深圳法官职业化改革:必须"触及灵魂"
106	法律与智慧
107	为什么解释

Discuss 讨论

110	司法改革的长远之计和当务之急
114	富人为啥要移民国外
116	夏俊峰案,负数的司法
118	地方法院试点,难破司法改革困局
121	发现领导决定或致冤假案可越级报告
122	当"变相抵制"发生,检察监督何为
123	贪官势利是如何炼成的
124	网络代购,司法面对新型案件的摇摆
125	公平正义如何让民众感受到
126	医疗界形势有多严峻
128	警察权过度扩张怎么办
130	女性能否为自己身体做主
132	"斯德哥尔摩综合征"是个啥
134	中国人为何有办不完的证
136	经济学家怎样跳"广场舞"
138	国学之药,如何治制度之病
140	第一人称射击游戏:福还是祸
142	为什么虐待新兵是"普世"现象
144	为什么有人天生残忍
145	如何化解别人的威胁

146	上海的离职法官去哪儿了
148	中国大法官为何不审案
149	白晓红谈《隐形生产线》
150	为高官辩护的律师们
151	言论自由与权力边界
152	互联网时代隐私可能一去不复返
154	性工作者也可以说不
155	我为什么憎恶心灵鸡汤
156	法律人的江湖恩仇
157	荧屏中检察官的面孔
158	亚洲"教父"面面观
159	赔偿不能沦为"买刑"
160	雾霾双城记
162	一个孩子到底该值多少钱
164	法律人要不要来北上广深打拼
165	送礼天才谷俊山
166	流失的年轻法官
167	流泪的检察官
168	法律如何看"舌尖上N宗罪"

169	复旦学生何错之有
170	十年一觉思怡梦，百年不尽儿童泪
171	谁是坏律师
172	情妇的罪与非罪
173	哪里最腐败
174	法律不理琐事吗
175	主持正义的成本核算：是什么把人民变成了懦夫
176	法官检察官"下海"之惑
177	中国需要什么样的法律人
178	做印度人还是中国人好

History 历史

182	发生在北宋神宗朝的一宗毒杀案
183	古代如何惩罚强奸幼女罪
184	"五月花"号上的理想国
186	"汉奸"的起源
187	被误读的"刑不上大夫"
188	恐惧和它的双胞胎

189　坐牢的漫画家
190　四代人的中威船案

Personnel 人物

194　备受质疑的李嘉诚
196　八十岁的法治布道者
197　郑天翔，大法官的背影
198　一个普通检察官的司法改革期待
199　学而为宪六十载
200　律政女先锋
202　新儒家青年曹呈宏
203　从修鞋匠到现代缓刑之父

International 域外

206　新南非的启示
207　法院才是美国的真正决策者
208　《美国最高法院通识读本》：传播常识 呈现复杂
209　印度女性的生存现状
210　"Your honor"，尊贵的法官大人
211　法官应如何对外发声
212　美国法律规定不能堕胎
213　国外错案如何纠偏
214　美国政府为何会关门
215　一场庭审
216　与死刑的较量
218　做高品位的法律人
219　与澳籍华人对话"陪审员"制度
220　涉外婚姻：勇敢者游戏
221　新加坡的外劳
222　被"9·11"改变的世界格局
223　美国如何教民众对应恐怖袭击
224　韩国军队严重歧视女性
225　美国为什么允许公民拥有枪支
226　印度何以成女性梦魇之国
227　他们为什么无罪入狱
228　被高自杀率困扰的韩国
230　美国牛仔为何持枪瞄准法警
232　勇敢站出来制止性侵害

234	日式反腐：用公家的东西是天大的事	261	我的法官生涯百味

Reading 悦读

236	韩国问责沉船船长启示中国
238	新乱世佳人：说说克里米亚美女总检察长
240	日本反腐如何打"苍蝇、老虎"
242	瑞士废除银行保密制的真相
244	《赦免》：原来判决书可以这样写
246	让大法官头痛的探望权官司
248	杰西卡法案诞生记
250	杜克大学"轮奸案"的惊人逆转
252	1991年："威廉·肯尼迪强奸案"悬念和思考
254	"对腐败零容忍"应学日本
255	《星期日泰晤士报》：英伦"无间道"

264	洗冤是法律人的社会责任
265	《辩护人》，法律人何为
266	读《错案》的23点感悟
267	那些被侮辱与杀害的素媛们
268	《身体的历史》：被禁锢的身体
270	王军诗集《有念想的人》：行吟法律的浪漫骑士
273	极端刑罚的历史还原

Poetry 诗歌

276	蓝调
278	圣地仆民
280	西徒小唱
284	公牛血
286	江边

Essay 随笔

258	父亲到死一步三回头
259	我如何开始书写美国
260	投入水中的一枚石子

Video 视频

VIDEO 视频

执法、法官、立法者以及司法独立的斗争

法学是社会科学中一门特殊的科学，研究"法"这一特定社会现象及其规律。法学肯定法律对于社会的制约和调整。从而，法学教育全体人民遵纪守法，具有特殊的价值。该讲座是法律学系列讲座之一。

司法独立的概念起源于十七八世纪的英格兰，其主要内容是保护刑事案件与政治案件中的诉讼当事人免受群众的干扰。它基于宪法，源于宪法。司法独立的理念是建立法官与法院的司法独立，他们需要可以独立地作出判决。

VIDEO 视频

科学与法律

约翰·瓦尔格教授向我们介绍了课程的核心问题——法律能为数十亿人造就一个可持续发展的未来吗？该课程的目的就在于研究当今美国一些重要的法律，研究其是如何应用于过去的40年中的，并讨论其有效性。课程包括核试验、有机农业、空气质量问题、塑料应用问题、绿色建筑标准、土地使用规范等各个话题。

VIDEO 视频

为什么个人隐私如此重要

在过去的几十年，网上和真实生活中，公共生活和私生活的界限变得越来越模糊，亚历山德罗·艾奎斯提解释了这一现象意味着什么和为什么这很重要。在这个让人深省甚至有些不寒而栗的演讲中，他分享了最近的研究——包括一个如何简单地把一张陌生人的照片和他们的个人敏感信息相匹配的项目。

VIDEO 视频

社交媒介如何能为历史写下新页

正当有关伊朗的新闻流泄全球之际，Clay Shirky 讲述了 Facebook、Twitter 和手机短信如何协助压迫政权下的公民报道真实新闻（虽然很简短）并绕过审查（时间一样短暂）。整体新闻管控的终结正在改变政治的本质。

新技术促进了新型态的串联架构，让商务、科学、艺术及其他领域能以另一种方式蓬勃发展，有别于他认为是自我设限的集权与制度化架构，在他的著作与演讲中，他一再强调"团体即是其自身最难缠的敌人"。

VIDEO 视频

网络时代的表达与监管

站在民意表达的角度看，3亿多网民正在成为一个独特的社群，形成新的意见阶层。"热帖、跟帖、转帖"的传播技术得以快速汇聚草根的偏好；"话题、词语、故事"的传播内容时常被群体情绪推波助澜；"人肉搜索、恶搞、山寨"的行为艺术展现了大众消解权力的狂欢。站在政府监管的角度看，"防火墙"在互联网的快速发展中诞生成长。在某种意义上，它不仅是一个真实的技术存在，更是一个多方博弈的最好意象。

现有的互联网监管体系至少可区分出四种不同角色，即充当主导者的中央政府、充当执行者的部门与地方政府、充当协作者的运营机构以及充当自律和相互监督者的网民。不同角色的行动逻辑也各不相同。要理解多重角色如何能够殊途同归，必须进入政治文化传统予以体察。

VIDEO 视频

为什么智能统计数据是打击犯罪的关键

当 安妮米尔格拉姆 2007 年出任新泽西州的司法部部长之时,很快便发现了某些惊人的事实:她的团队不仅对蹲监狱的人不甚了解,而且也无法确定他们所作的判决是否真正加强了公众安全。因此,她展开了一次鼓舞人心的探索,即将数据分析与统计分析应用到美国刑事司法体系当中。

VIDEO 视频

"双十一"朋友圈买到假货怎么办

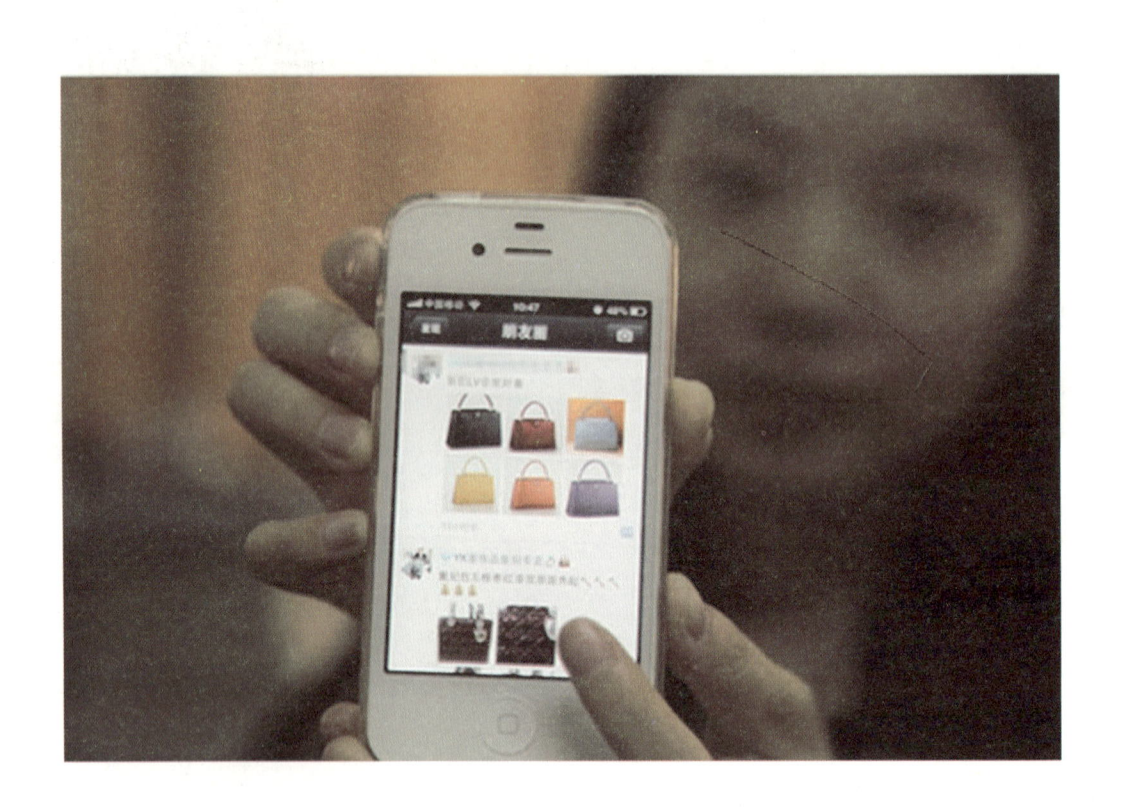

都说朋友圈有四大党：自拍党、心灵鸡汤党、点赞党和代购党。其他几个我还能忍，但是代购我真的忍不了。也不知道从啥时候开始，朋友圈出现了一股代购风，平时聊得很好的朋友，突然开始在朋友圈发各种商品，写着朋友从海外带回来的大牌，价格极具诱惑力。真货与假货，真的只能靠你朋友的人品了。

OPINION 观点

OPINION 观点

上海检察系统吃"螃蟹"，检察官精英化大幕拉开

来源于上海法治声音，微信号：fazhishengyin，上海报业集团新媒体发展研究中心出品。记者周柏伊，通讯员施坚轩。
原文链接：http://dffyw.com/fazhixinwen/sifa/201408/36701.html。

2014年7月31日，《上海检察改革试点工作实施方案》由上海市司法改革试点推进小组原则通过，标志着以检察官专业职务序列为突破口、检察官办案责任制为核心的上海检察改革先行试点工作正式启动。上海检察机关成为全国率先启动改革试点的检察机关。当天召开的上海检察改革先行试点工作动员大会明确，上海市检察机关将依法有序、积极稳妥地推进完善检察人员分类管理、完善司法责任制、健全检察人员职业保障等五项改革试点，努力形成可复制、可推广的经验。

上海检察改革先行试点全面贯彻落实中央和市委关于司法改革的决策部署，通过落实检察官执法办案主体地位，形成检察官职业准入、晋升、薪酬、遴选、评价等职业培养制度，完善有效内外部监督、保障公正廉洁执法，建立一套在党的领导下确保检察权依法独立公正行使的管理体制、确保公正司法的检察权运行机制和有利于高素质检察官成长的培养机制。

凸显检察官主体地位

上海市检察改革试点工作将遵循检察工作规律，通过5年过渡期，建立以检察官为核心的检察人员分类管理体系，实行检察官专业职务序列管理，确保人尽其才，努力打造一支职业化、专业化的检察官队伍。

分类改革后，检察院工作人员将被分为检察官、检察辅助人员、司法行政人员三类。检察官占队伍总数的33%，是各级检察院依法行使国家检察权的检察人员，包括各级检察院检察长、副检察长、检察委员会委员、检察员。检察辅助人员是各级检察院协助检察官履行检察职责的工作人员，包括检察官助理、书记员、司法警察、检察技术人员等。司法行政人员是各级检察院从事司法行政管理事务的工作人员。

三类人员实行员额控制，分别占队伍总数的33%、52%、15%，确保85%的人员直接投入办案工作，且检察官主要配置在业务部门的办案岗位，综合部门不再配备检察官。值得一提的是，在员额总额度内，上海市检察院将根据本市三级检察院的功能定位、任务安排和实际情况，分别核定各级检察院各类人员的具体配比，保证检察官的配备重点向基层一线倾斜。

检察官实行专业职务序列管理，分检察官、

/ 检察官
/ 司法改革
/ 试点

高级检察官、大检察官三大类，上海检察官由低到高分为九个等级，等级实行按期晋升和择优选升相结合的办法。检察官的准入门槛进一步提高，主要从检察官助理中择优选任，上级检察院检察官原则上从下级检察院检察官中择优遴选，上海市检察院及分院检察官助理原则上到基层检察院担任检察官，从而丰富检察官的基层工作经验和司法经验。此外，检察官也可从优秀的律师、法律学者及其他法律工作者等专业法律人才中公开选拔或调任。检察辅助人员中的书记员主要由聘任制辅助文员担任并实行等级管理。检察机关今后的新进人员，将实行严格的分类招录、分类管理制度。

检察官对所办案件质量终身负责

上海市检察改革试点进一步强化检察官的办案责任，将逐步形成遵循检察工作规律、检察职业特点的检察办案组织结构和运行机制，实现检察官权责明晰、权责统一，确保办案质量和效率。

上海市检察机关将试行主任检察官制度。在业务部门设立若干主任检察官办案组，由 1 名主任检察官、两名以上检察官及若干辅助人员组成。主任检察官占本院检察官总数的三分之一，副检察长、检察委员会委员也将担任主任检察官直接办案。

在试行主任检察官制度的基础上，逐步过渡到检察官负责制。主任检察官对组内检察官办案审查决定进行审核，但不能改变决定。与此同时，检察机关办案组织层级将进行精简，主任检察官办案组直接对检察长负责，减少审批层级，实现办案组织的扁平化管理，将案件的决定权真正落实到每一个检察官。

在对检察官"放权"的同时，本市检察机关将制定检察官办案责任制授权清单，明确检察官权力行使范围，规范检察权的运行。

上海市检察机关将通过完善检察官办案数量指标体系、科学的质量评价体系和有效的监督体系，加强检察官业务考核，并建立退出机制。同时，强化办案责任追究，建立检察官执法档案，检察官对其所办案件质量终身负责。

此外，上海市检察机关还将完善内外部监督制约机制，深化检务公开，确保检察官公正廉洁执法。如加强检察长、检察委员会对执法办案活

OPINION 观点

动的领导和监督，加强案件办理的全过程管控，扩大人民监督员、特约检察员参与和监督案件的范围。对于疑难复杂以及在检察阶段作终局性决定的案件，探索实行公开听证和公开宣告；做好执法办案信息告知和查询、法律文书公开查询、重大案件信息和典型案例的发布等事项；健全完善民意收集办理和反馈机制，保障社会各界的知情权、参与权、监督权。

职业保障有别于一般公务员

为增强检察官的职业荣誉感和使命感，此次改革试点将建立有别于一般公务员的检察人员职业保障体系，为检察官依法公正履职提供必要的职业保障。如建立以专业等级为基础的检察官薪酬制度和分级管理的检察辅助人员薪酬制度，细化检察官有条件延迟领取养老金办法。与此同时，上海市检察机关强调，凡是享受检察官待遇的，应当在检察业务部门办案。

改革后，上海市检察院负责全市检察官的统一管理。通过对现有检察官管理制度的改革，形成全市检察官"统一提名、分级任免"的管理新格局，建立一支高素质的检察官队伍，有效减少外部干扰，提高司法公信力。上海市检察院将组建检察官遴选（惩戒）工作办公室，具体负责本市检察官遴选（惩戒）工作的组织实施。

同时，建立市级管理部门统一管理、市检察院协助管理的全市检察机关财、物统一管理的机制，尽快形成符合分类管理要求的经费分配体系，理顺三级检察机关工作人员收入分配格局，为检察机关依法独立公正行使检察权提供可靠保障。

分步推进试点工作

据悉，上海市检察院二分院、徐汇区、闵行区、宝山区四家检察院作为先行试点单位，将开展为期半年的试点工作。上海市检察机关将于年底前分阶段研究制定22项配套制度，为检察改革试点工作提供制度保障和支撑。在修改完善试点工作实施方案的基础上，明年一季度上海市检察机关将全面启动试点工作。

上海市人民检察院检察长陈旭在讲话中强调，此次改革试点涉及面广，社会关注度高。全市检察机关要按照中央、市委的要求，坚持解放思想，遵循司法规律；在司法改革框架内，大胆思考，大胆实践，努力为加快建设公正高效权威的社会主义司法制度提供经验成果，使司法真正发挥维护社会公平正义最后一道防线的作用。

动动司法改革的命根子有多难

来源于北斗网，作者陈澜鑫。
原文链接：http://www.21ccom.net/articles/zgyi/fzyi/article-2013121697076.html。

/ 十八届三中全会
/ 司法改革
/ 制度

党的十八届三中全会《决定》中提到改革司法管理体制。中央政法委书记孟建柱发表《深化司法体制改革》，将"中央统一管理"视作终极目标，省级统一管理只是"考虑到我国基本国情"的权宜之策。

其实早在十一年前的报告上，就有"改革司法机关的工作机制和人财物管理体制"。这么多年过去，官帽子、钱袋子，说来都是命根子。难办，但也似乎是不得不办的。

法院的经费来源以同级财政拨款占大头。后果绝不仅是"司法地方主义"。地方经济水平差异，苦乐不均。《诉讼费用交纳办法》实施之后，估算全国中级人民法院诉讼费收入减少了53.55%，基层人民法院减少了70.45%。

法院配合政府开展司法"运动"，这才有了我们时常谈到的"司法地方化"。

何帆在《人民法院报》发表文章说："法院人财物通关并非'垂直管理'……必须严格按照宪法法律，依托各级人大和省级组织、编制机构进行。"

没有"直接接受省高级人民法院管理"之意。实际上，各种文件使用的表述往往是"省一级"、"省"，并没有明确提出省级将承担主要工作的机构。

地方人民法院、检察院主要工作人员均由地方人大及其常委会选举或任命，要实行"统一管理"，与现行法律不符。而在十八届三中全会《决定》发布前，全国人大常委会正好发布了立法规划，第2、3项就是《人民法院组织法》以及《人民检察院组织法》。

不谈"中央统一管理"，"省级统一管理"这一权宜之计，也是牵一发而动全身，又同时"探索建立与行政区划适当分离的司法管辖制度"，这对于制度设计来说是一个极大的考验。

OPINION 观点

贪官、赃款与国家安全

来源于孙越的博客，作者孙越。

原文链接：http://sunyue.blog.caixin.com/archives/61219。

/ 贪腐
/ 反腐
/ 国家安全

苏联解体20余年，俄罗斯没少搞反腐倡廉。前有叶利钦总统，后有普京总统，但是，俄罗斯的法令不仅难出克里姆林宫，更无法令行禁止。

俄罗斯国家杜马议员费德洛夫认为：一方面，全国有大小20000多个官员以及服务于政府的人士，从美国国会得到财政资助，为美国人"干活"，严重威胁国家安全。另一方面，俄罗斯每年都有贪官携巨款潜逃西方，给国家在政治、财政、安全等各方面造成巨大损失。

莫斯科一家外国留学中介机构透露，目前他们客户中很大一部分，都是俄罗斯著名高官的子女。所青睐的英国牛津大学，年住宿费是8000英镑，学费也不菲，这点钱对俄罗斯权贵来说不在话下。不过，更多的俄罗斯高官家眷远行海外，就是为了洗钱。

俄罗斯最近5年流向欧美国家的3000亿美元，绝大部分是俄罗斯政府官员所贪污的公款。欧美国家一度暧昧，一方面，声称接纳贪腐官员和赃款；另一方面，巨额贪腐资金成为最近20年来欧美经济发展的新支点。

自苏联解体以来，俄罗斯共有1.5万亿美元赃款流入西方国家。赃款的不明来源和在所流入国家经济中所起的负作用，使西方国家越来越认为它是一柄"双刃剑"。最近，欧盟开展对国际洗钱犯罪的围堵和严查。

俄罗斯高级官员非法出国屡有发生。自1993年之后，他们就已经被彻底停发出国护照。俗话说，上有政策，下有对策。因为他们既有本事搞到出国护照，更有经济实力支付出境盘缠。关键是，他们谁也没有把法律当一回事儿。

OPINION 观点

负面清单，治理模式的重大转变

来源于人民网，作者王利明。原标题《负面清单，治理模式的重大转变——专访中国人民大学常务副校长王利明教授》。
原文链接：http://finance.ifeng.com/a12014D416/12129530.o.shtml。

/ 十八届三中全会
/ 负面清单
/ 立法

党的十八届三中全会《决定》指出，实行统一的市场准入制度，在制定负面清单基础上，各类市场主体可依法平等进入清单之外领域。推行负面清单对于建设法治政府而言有何意义？

负面清单"规范公权、保障私权"。负面清单是指仅列举法律法规禁止的事项，对于列举以外的事项，法律法规不会进行干预。在正面清单的模式下，市场主体能否进入，在很大程度上取决于政府的自由裁量，由此产生了权力寻租、"暗箱操作"等社会问题，市场主体的活力很难完全释放，政府监管的效率也很难提高。

在负面清单管理模式下，市场主体的行为，除非法律限制，都属合法；而行政机关的行为，除非法律许可，都为非法，这也体现了"规范公权、保障私权"的法治理念。

制定负面清单必要时应开听证会。负面清单的制定也应自觉遵循开门决策、科学决策、民主决策、透明决策的理念，必要时还可以召开由投资者代表、消费者代表参加的听证会，制定科学合理的负面清单内容。负面清单的设置，必须及时更新，将不需要再进行管制的内容剔除。

立法要为改革预留制度空间。政府职权法定与市场主体行为自由法定在实质上都是相同的，核心都是要突出"法定"二字。要求"法定"，不仅仅是强调以法律作出明文规定，而是强调要依法治理的社会发展模式。法定不仅指立法，还包括背后的一整套制度体系。改革与立法同步，也要求立法本身具有一定的前瞻性。

遗产税劫富不济贫

来源于铅笔经济研究社，作者菁城子。
原文链接：http://renzhichu1987.blogchina.com/1606635.html。

/ 遗产税
/ 财富

最近几年，学界呼吁遗产税的声音愈来愈强烈。呼吁遗产税的人们，真诚的做法应是在死前将财产捐给政府，免得遗祸子孙。可惜看不到他们的行动，其中隐秘的心理是：这只是对富人开刀，与我无关。

抛开对这种仇富心态的谴责，经济学其实早就解释：遗产税不是简单的财富分配问题，它将激化贫富矛盾，消耗财富，穷人的福利也受到损害。

要理解这一点，必须对财富有正确的认识。富人消费占他们名下财富比例通常比穷人低得多。工薪族当月领了工资，往往到下月就吃穿消费一空。

如果某位富人觉得财富"生不带来，死不带去"，没啥意义，临死前卖掉企业吃喝挥霍，穷人利益能够因此增加吗？遗产税的作用就是这样，打击富人的利己之心，既然遗产一大部分要被政府拿走，那就不如趁早挥霍和转移。

企业家的才能需要通过领悟磨炼才能达成，而"富二代"们往往不具备这样的能力，家业能够"守成"就属难能可贵。2011年美国福布斯富豪榜的前400名富豪，超过60%是自己开创事业。所谓市场经济造成"阶层固化"完全是对市场的误解。权力继承保障财富，才会形成"阶层固化"，这才是对公平公正最大的威胁。

打着"公平公正"旗号的税收总是从富人杀起，例如20世纪80年代起征的个人所得税，假以时日，这类税收将会成为普通民众沉重的负担。

OPINION 观点

关于法律权威的政治学思考

来源于共识网之思想者博客,作者丛日云,系中国政法大学政治与公共管理学院教授。本文为作者在"法律与权威研讨会"上的发言(2007年11月)。
原文链接:http://congriyun.blog.21ccom.net/?p=33。

/ 政治
/ 制度
/ 法律

在西方政治思想史上，霍布斯明确反对法治，主权者如果受法律约束，在他头上还要设立裁判者，就是头上按头，无限循环下去。

像黑格尔所说，要有一种意志，点上最后的一个"点"。

传统中国是金字塔式的权力结构。古希腊是民主政治、多元政体，古罗马也是。它是一种梯型的，成为平顶山形状，并存着若干个平行的权力机构。相互不能协调怎么办？诉诸于神灵。神谕来了，大家就没有意见了。

到美国制宪者那里呢？它保持了一种张力。法律是最高权威；又有民意的最高权威，而这两种权威的承担者分散于三个权力机构。也并不想彻底地解决，而是把问题留下来。

但是美国的制度二百多年来运作是成功的。假如有一个权力真正把另外两个权力制服了，它要成为"尖顶"，制度本身也阻止不了这个。有个深层次的因素在制动着制度，就是政治文化。著名的法官汉德说过：自由的根基在哪里？不在法律，不在宪法，而是在每个人心中。

公共权威的存在有几个前提：政治共同体一定是平等人的；权威的产生是大家选出来的；权威是一个抽象的权威。

有了这些，大家才会有对公共权威的服从。只有服从这样的权威才不失自由。中国人培育现代政治意识，需要完成国家权威抽象化的过程。要达到这种政治观念，我们中国人还很难。

法律的权威也必须具有公共性。公共性的来源有两个方面：一个是来自习惯；另一个是具有立法权的国家公共机构表达的意志或公民共同体或公民选举的立法机关。有了这种公共性，法律才有权威。

OPINION 观点

最蠢不过遗产税

来源于凤凰网《财知道》，作者胡释之，系宏观经济学者。
原文链接：http://finance.ifeng.com/news/special/caizhidao157/。

/ 遗产税
/ 利益

"改革是最大政策"千万别变成"增税是最大政策"，把开征新税当作最重要的改革，势必引发灾难性后果。

遗产税是对私人产权的粗暴侵犯，不存在时机成不成熟的问题，永远都不应该开征。私人的东西，不管多少，当然有权留给子女，不然还叫什么私人财产？一个文明的政府理应对此加以保护，而不是主动加以破坏。如果说不承认私人产权，那么趁当事人活着的时候就应该予以收缴，而不是等当事人死后再欺负孤儿寡母。所以遗产税的骨子里头是对私人产权的不尊重，这相当危险。要知道，任何征税都是对私人财产的强制充公，可不是闹着玩的。

遗产制度对所有人都有利，哪怕你真是一无所有的无产者，你都会受益于遗产制度。因为有了遗产制度，大家就会有更长远的眼光，就会有更多的资本积累。在有了一定的经济发展以后，就开始侵犯私人财产，没收死后遗产，似乎立马就能实现共同富裕。但这显然是杀鸡取卵、涸泽而渔，这种民粹主义的短视眼光可千万要不得。不尊重私人产权，最后只能是实现共同贫穷。

财富只能是靠那些对长远未来有信心、有安全感的人一点点创造和积累起来。过去三十多年，中国人从几乎人人都没有什么财产，到现在几乎人人都有不少遗产，就是最好的实例。

遗产税不仅损害继承人的利益，也损害所有人的利益，因为是最纯粹地对资本征税，彻底打消当代人为子孙后代积累资本的动力，对经济发展潜力的破坏性极其巨大。

中国刑事司法的十大误区

来源于联合早报网，作者何家弘，系中国人民大学法学教授，中国人民大学刑事法律科学研究中心副主任，兼任最高人民检察院专家咨询委员会委员，2006年至2008年曾挂职担任最高人民检察院渎职侵权检察厅副厅长。

原文链接：http://www.zaobao.com/print/wencui/politic/story20131010-263108。

/ 刑事司法
/ 制度

2013年，刑事错案一次次成为关注的热点。不能把侦查人员妖魔化，需要从制度上找原因，其实每一起错案的发生往往都是多种原因交互作用的结果，而这些原因就反映出中国刑事司法工作中的十大误区。

第一是由供到证的侦查模式。竭尽全力拿下认罪口供。"先抓人、后取证"。

第二是违背规律。"限期破案"，命案必破。

第三是先入为主的片面取证。只收集有罪的证据。

第四是科学证据的不当解读。把"种属认定结论"误读为"同一认定结论"；把"倾向性鉴定结论"误读为"确定性鉴定结论"；把"试用期科学证据"误读为"成熟期科学证据"。

第五是屡禁不止的刑讯逼供。原因：片面的执法观念，陈旧的思维习惯，不良的行为环境，低下的侦查能力，乏力的监督机制，空泛的证据规则，失效的刑罚威慑等。

第六是放弃原则的遵从民意。"民意"成为"指挥棒"。

第七是徒有虚名的相互制约。"以侦查为中心的流水线"模式，政法委牵头的"联合办案"和"三长会"，使得公检法"配合有余而制约不足"。

第八是形同虚设的法庭审判。庭审虚化、未审先判、下级法院审理上级法院判决、审案者不判、判案者不审。

第九是骑虎难下的超期羁押。"放"、"判"两难，"继续往前走"，硬着头皮"判"。

第十是证据不足的疑罪从轻。错案多为疑案，担心"疑罪从无"会放纵犯罪，所以多采用"疑罪从轻"。名曰"留有余地"，实际却导致了错判。

OPINION 观点

独立审判，准备好没有

来源于南方人物周刊，作者：记者海鹏飞，实习记者郭翔宇、张楚崎。原标题《独立审判，准备好了吗——专访十八届三中全会司法改革任务起草专家傅郁林》。原文链接：http://www.nfpeople.com/story_view.php?id=5032。

/ 司法改革
/ 独立审判

作为一名前法官和研究司法改革的学者，北京大学法学院教授傅郁林于2013年上半年，被借调到中央政法委参加了司法改革任务的起草工作。

傅郁林强调，司法改革可以打折，但一定要打包，独立、负责、公开、专业（职业化）不可或缺。

11月中旬，司法改革方案公布，止步于省级统管。傅郁林说，中国地区差异这么大，没有一种方案可以放之全国而皆准。毕竟，最高人民法院里连书记员都是法学硕士，但在西部一个区县人民法院，有时都凑不够法官开庭。

重塑法院公信力是核心诉求之一。在傅郁林看来，南京彭宇案成为法院失去公信力与权威的标志性案件之一。

"彭宇案最后的结果是全输……没有一个人是赢的。"据她了解，二审时调出了事发当时录像，证明彭宇确实撞到了老太太。相关领导维护"社会和谐"，二审作出了不必陈述理由的司法调解。民意汹涌，将国人道德淡漠的原罪归咎于彭宇案判决时，当事法院百口莫辩。

傅郁林认为，表面上看来都跟审判独立没关系，但在审判不独立的背景下，法院承担了审判之外的职能（如政治职能和社会救济职能等），特别是法官在面对事实证明困难时心理的变化，以及优秀法官不断流失、法院的整体业务水平不高也与审判不独立有直接关联。

人事任命权最关键。宪法规定法官由同级人大任免。如果由省级人民法院负责或参与提名，就更危险，那就是前门驱狼、后门入虎。

地方法院人财物统一管理，并非法院内部的"垂直管理"。最终的方向，是法官完全脱离公务员系统，建立独立的序列，提升薪酬和级别待遇。

福山的新声音：什么是治理

来源于 2013 年 12 月 23 日《中国青年报》，作者邵梓捷。
原文链接：http://zqb.cyol.com/html//2013-12/23/nw.D110000zqqnb-20131223-5-02.htm。

/ 治理
/ 政体

"治理"一词作为舶来品，"Governance"的翻译有几十种版本。在十八届三中全会上，"国家治理与治理现代化"总目标被提出，"治理"进入民众的视野。

"什么是治理"的理解，让人眼花缭乱。著名学者弗朗西斯·福山（Francis Fukuyama）的文章"What Is Governance?"，在 Governance 杂志 2013 年 7 月刊上发表。福山所讨论的"什么是治理"，是讨论如何衡量治理，如何衡量"好的治理"（善治）。他没有下定义式的答案，但给了四个维度的评价标准：

procedural measures（程序性衡量）——政府官员的行为符合既定的规则；

capacity measures（能力衡量）——汲取社会资源（尤指税收）能力角度；

output measures（输出衡量）——国家治理显现效果角度；

measures of bureaucratic autonomy（官僚机构的自主性衡量）——政府机构在规则范围内，相对独立、灵活变通地执行可操作政策。

治理概念在不同领域的主体不同，所以更无所谓政体的区分。福山说明："我想要一种威权和民主政体都能适应的治理概念。"

福山躲开了理论界的概念之争，把注意力集中在了衡量标准上。他以官僚自主性为横坐标，国家治理能力为纵坐标，将不同的国家摆在了同一个治理坐标体系中。美国就落在了低自主性、高治理能力的第二象限；中国落在了高自主性、高治理能力的第一象限……同为高治理能力的国家，美国属于自主性不足，而中国属于自主性过度。

但可以总结出一些共同取向：多个治理主体中各有长处，政府在其中起了统筹的作用。这就给治理质量、政府质量赋予了新的使命和含义。

OPINION 观点

"媒体死亡"的真相

来源于腾讯·大家,作者连清川,系 IBTimes 中文网总编辑。原标题《晚报已死,新闻有幸》。
原文链接:http://dajia.qq.com/blog/342058091298276。

/ 传统媒体
/ 新媒体
/ 竞争

那些新媒体、移动互联网等朝阳行业中的人们,他们并没有拿起宰杀《新闻晚报》的屠刀,他们像是西装领带皮鞋的现代人,看着长袍马褂布鞋的古代人赶着马车掉进河里。

"狼真的来了。"国外的印刷媒体早就已经走到生死存亡的边缘。19世纪,人们是这种看法:"汽车杀死了马车。"就好像今天的人们说:"新媒体杀死了传统媒体。"

有一天,手机上出现了相机,网络出现了帖子,新闻收集机制发生了新的变化。不是"新媒体杀死了传统媒体",而是新媒体出现背后的信息生产逻辑"杀死"了传统媒体。

其他媒体则忙着把原来印在报纸、杂志上的东西搬到互联网上,或者加挂各类东西,这就好像在马车上安装一个马达就假装它是汽车一样。

媒体人和新闻人抗拒这样的思维:新闻的权力已经下放了。

意见领袖还在起作用,哪里都可以是他们的战场。今天,用户生产新闻,用户消费新闻。

这就是"媒体死亡"的真相。我们拒绝与这个时代的变化妥协。其实中国的媒体界还没有走到职业化,就已经面临了整个行业的解体。

上海报业停掉了《新闻晚报》,还没有多少行业中的人愿意承认,他们是和千千万万普普通通的公众"人民战争"式地竞争。

"十年青春空飞扬,人未老,报先亡,新识旧友,何处诉离肠。"

OPINION 观点

法治应审判至上

来源于《北京青年报》2014年1月29日,记者张倩。原标题《浙江北仑检察长李钟:法治国家应该是审判至上》。
原文链接:http://news.china.com.cn/2014-01/29/content_31342144.htm。

/法治
/检察官
/警察

2013年7月15日起,宁波市北仑区人民检察院,每周两天,派检察官到公安局上班。

监督关口是依法"前移",还是僭越?这项司法改革,引发了法律界争议。

在"司法流水线"里,假如公安机关的报捕材料,不能保证绝对的真实性和准确性,后面的检、法两家就很被动。

往往因为"第一车间"缺少监督,一开始"饭"就做坏了。出现错案进行追究:"买菜做饭的公安,只算是审查;风险都要由负责端饭的检察机关和吃饭的法院来承担。"

我国一直是"以侦查为中心";处于"强势"地位的公安机关,其侦查活动游离于检察院和法院之外。

一个真正的法治国家,应该是法庭审判至上,而不能是"警察国家"。"坐诊"制度,犹如在公安生产车间引入质监员,对侦查活动进行法律监督,有利于解决"现场不可复原,证据不可复制"的难题,防止冤假错案。

北仑区人民检察院一直走在前沿:进行"行贿人黑名单制度"、"附条件不起诉"尝试。前者被最高人民检察院推向全国;后者写进"大修"后的《刑事诉讼法》。

像北仑检警联手、人大通过、定期上班的,在全国还是首例。

派驻检察官保持独立性,避免联合侦查;检察官所提建议和意见仅供警方参考,决定权还是在警方。

"坐诊"检察官共参与讨论案件42起,提出证据补证意见40多条,均被采纳。

派遣"坐诊"检察官,符合"检察引导侦查"理念;检察机关作为侦查机关的监督方,同属大控方一体。参考国际惯例,在法国、德国等许多发达国家,实行"警检一体化",警方在检察官的指挥下侦破案件;检察官甚至和警方共同"出现场"。

OPINION 观点

中纪委变革

来源于《南风窗》，作者覃爱玲。
原文链接：http://news.hexun.com/2014-02-13/162101860.html。

/ 纪委
/ 改革

大年初二，整个中国处在"深度休息"之中，中纪委网站发表重要文章，核心观点是，当前反腐败面临的最大难题是体制障碍。

与整个国家的休息气氛形成了鲜明对比，它提醒人们，这个过去一年多扮演着极重大角色的部门，即使在此刻，仍然处于高度紧张的思考和行动之中。

当整肃吏治成为施政重点时，中纪委开始具有更大的权能。成为具有更宏观意义的"大政治部门"。

中纪委逐渐把对地方主要领导的监督作为工作重点，采取了一系列措施以加强纪委的改革，比如，下级纪委书记的提名权；各级纪委书记发现办案线索，必须同时上报上级纪委；推行"一案双查"。

一个有意思的现象是，在中央一级以中央全面深化改革领导小组和国家安全委员会等的设立为标志，权力向最高层领导集中的同时，地方一级则开始进入"集体领导"时期。

强化和规范巡视组的职能；对所有中央部门全部派驻；改革和完善各级反腐败协调小组职能等。内部整肃也不手软。春节假期刚结束，就公布了4起纪检监察干部"违反中央八项规定精神"案。

非常时期用非常手段。此前，中纪委公布了反腐败5年规划，舆论一开始也不当一回事。随着一系列"老虎"落马和不准印发贺卡、发放节礼等风气为之一变，人们开始觉得，"为治本打下基础"并非虚妄之言。

中纪委看起来在下一盘布子谨慎的棋。一反口号式施政，纪委系统只有把自己的权力与社会分享，才可能真正实现自己的政治目标。

OPINION 观点

网络时代的刑法适用

来源于"互联网刑事法制高峰论坛",官方公众微信号 icjfqq。作者张明楷,系清华大学法学院教授、博士生导师,中国刑法学界权威学者。本文为作者在互联网刑事法制高峰论坛上的发言节选。

/ 网络
/ 刑法
/ 罪

　　我很强调理念的重要性。最大的问题是,一些人理念写得很好,一旦去解决问题的时候就把理念给忘了。一定要把好的理念变成我们自己内心深处真实的想法,不管你干什么,这个真实的想法立刻会冒出来。直到具体问题的看法、具体问题的处理。

　　网络时代需要哪些新的理念。我一直以为把传统犯罪研究清楚了,新型的犯罪也不会难到哪里去。不能动不动就讲刑法的谦抑性,动不动缩小打击面,动不动凡是其他的法律能处理的就用其他法律去处理。谦抑性是国外先提出来的,在国外的立法,不可能有数额较大、情节严重之类的要求。于是,治安管理处罚行为在国外都是犯罪。而我们也跟着讲谦抑性,不合适。

　　劳动教养制度取消了,实际上国际社会紧紧盯着的一定是治安管理处罚,为什么?根据我们参加的国际公约条例,任何剥夺人身自由的措施都必须经过人民法院。解决这类问题的办法就是降低犯罪起步,制定一部轻犯罪法,用这些程序去处理。

　　不能只看文字,不要老是想着这个立法者他当时怎么想的。作为法官和检察官首先要遵守的就是结论的合理性,当然你不能违反法律的原则。要得出一个判了之后能心安理得的判决。

　　运用好的理念,运用刑法的解释方法,同时我们要遵循法律的原则。大部分的网络犯罪都可以在刑法中找到处理的根据。很多罪很多行为它常常触犯的不是一个罪,比如一个外挂可能侵犯著作权方面的罪,还有别的罪。想象竞合应该是很多的。在这种观念下再去处理就很简单了。

切勿让"另案处理"沦为司法潜规则

来源于《第一财经日报》，作者刘武俊，司法部《中国司法》杂志总编。
原文链接：http://business.sohu.com/20140318/n396767809.shtml。

/ 另案处理
/ 违法
/ 司法公正

最高人民检察院、公安部日前联合下发《关于规范刑事案件"另案处理"适用的指导意见》，对"另案处理"适用的范围、程序以及检察机关对"另案处理"适用的审查监督机制等进行了明确规范。

司法实践中，"另案处理"容易被异化为缺乏监督制约和有损司法公正的司法潜规则。

作为刑事案件中对涉案人员的一种处理方式，"另案处理"虽在法律上没有明确规定，但司法实践中普遍存在，并占有一定比例。由于"另案处理"的适用与监督法律规范缺失、长效机制缺位，一定程度上影响了司法公正。

判决书中屡见不鲜的"另案处理"往往隐藏着潜规则的猫腻，实行另案处理的初衷本是为了及时处理案件，节约司法成本，增强打击犯罪的时效性，而有的"另案处理"却往往蜕变为"另案不理"的潜台词。倘若"另案处理"都轻而易举地蜕变为"另案不理"，那么司法公正就无从谈起。

人民检察院在审查逮捕、审查起诉时，应当对适用"另案处理"是否合法、适当进行审查，发现公安机关在办案过程中适用"另案处理"存在违法或者不当的，应当向公安机关提出书面纠正意见或者检察建议。对于犯罪嫌疑人长期在逃或者久侦不结的"另案处理"案件，可适时向公安机关发函催办。

总之，切勿让"另案处理"变成"另案不理"，沦为司法潜规则。

OPINION 观点

京津冀一体化的法律之维

来源于法律博客,作者田飞龙。
原文链接:http://www.aisixiang.com/data/73521.html。

/ 一体化
/ 法律化

京津冀一体化是"逼"出来的。以"雾霾"为首，逼迫北京的决策层决定加速区域一体化建设，以应对治理首都的各种"城市病"。一体化需要强有力的法律保障，这在世界都市圈发展史上都是普遍经验。比较成功的是东京都市圈、巴黎都市圈和伦敦都市圈。一体化法律问题主要呈现以下五大方面：

第一，区际整体规划的法律化。一体化所需要的规划需要建立三方协同的规划编制机制，还需要进行特别的规划立法。

第二，产业政策的法制协调。三地产业布局存在同质化现象，造成资源浪费和环境污染。国务院可以对产业政策协调提供政策扶持与法规保障，比如可以研究制定《京津冀产业发展与科技创新促进条例》。

第三，公共服务一体化的法制保障。河北已确定承接北京的部分行政人事职能，包括高教资源的部分转移，同时也在规划环北京保障房体系。宜对各项公共服务通过区际协议形式固定下来。

第四，户籍制度改革与深度城乡一体化的法律问题。与京津冀一体化相关的是户籍管理和区域内城乡一体化提速的法律保障问题，便于区域内人力资源更好地自由流动和权益保障。

第五，重大行政决策的公开化和民主化问题。人大机关加强对一体化决策的监督和制约；研究制定《京津冀一体化重大行政决策程序条例》，对决策的合法性与合理性进行法律程序上的落实与细化。

OPINION 观点

腐败与效率

来源于财新网，作者王涌，财新网"社会万象"专栏作家，中国政法大学民商经济法学院教授，商法研究所所长，财新传媒法学咨询委员会委员。
原文链接：http://opinion.caixin.com/2014-04-24/100670167.html。

/ 腐败
/ 反腐败

中国当前的反腐败是新中国成立以来规模最大、力度最强、覆盖面最广的一次斗争。不少异样声音传来，新的评论来自经济学的分析。

4月初，美国美林（Merrill Lynch）投资银行的报告显示：自2012年末中国反腐败斗争启幕以来，餐饮业低迷，奢侈品销售额萎缩，中国各级政府财政支出缩减，政府投资缩减，直接导致GDP下降0.6%，2014年中国GDP增速可能下行至7.2%。

反腐败与政府投资呈反相关系，这不是中国特有的现象，一张暂时的经济数据表是不能揭示当前中国反腐败斗争深刻而长远意义的。中国当前反腐败的首要意义在于缓解"权力原罪与政治和解"的问题。所谓"权力原罪"是指，在过去20年中，部分位高权重者不正当地攫取巨额财富，权力原罪已经成为一个沉重的政治负担。

执政党与民众之间的政治和解问题真实存在着，只能通过执政党的单方行为完成。选择就是反腐败。简言之，对于执政党来说，与其让人民以激进的形式清算，不如让执政党以反腐败的形式自我清算。反腐败还有一个意义在于，它是社会结构的半场革命。倘不割除，所谓中国梦，将是腐败权贵的梦。

虽是一场反腐斗争，但本质上却是社会结构的半场革命，如果是自上而下静悄悄地完成，则是一种了不起的政治智慧和政治奇迹。

腐败是恶的，但从经济学的视角，无效率的腐败直接掠夺公共财富。以所谓腐败"效率"论，流毒甚烈。虽然GDP暂时会有波动，但是下跌的数据都是本应当下跌的，反腐败作为一种政治策略，将促进中国经济的结构转型，为民间投资释放空间。

OPINION 观点

精英司法官何来

来源于财新《新世纪》2014年5月12日第18期，记者任重远。

原文链接：http://magazine.caixin.com/2014-05-09/100675132_all.html#page2。

/ 司法
/ 法治
/ 制约

以审判长负责制为主要内容的广东佛山市人民法院改革试点，在新一轮全国司法改革启动之际，愈发凸显价值。

回归司法本质

在佛山市中级人民法院（以下简称佛山中院）院长陈陟云看来，2012年年底正式试行审判长负责制，纯粹是基于审判工作的现实需要。改革回归了审判活动的本来规律，并非成功揣测"圣意"的结果。

佛山的审判长负责制，庭长、院长等行政领导不得签发未参加合议案件的裁判文书。遇到重大或疑难案件，必要时提交审判委员会集体讨论决定。但就具体案件审判时，审判长以上没有"领导"。

保障法治理想

2014年2月27日，深圳市由组织部门牵头负责改革实施《法院人员分类管理和法官职业化改革方案》，法官晋升将与行政级别脱钩。据知情人士透露，此后相关法官的收入有望提升15%到30%。

除经济待遇外，法官的政治地位也是一个问题。对法官的考核、任免必须要有严格的程序，只有明确监督和干预的界限，法官才敢独立审判。

坚守与制约

司法人员分类改革还应对法官队伍重新洗牌，留下法官队伍中的精英，赋予他们更多的权力和尊荣，并对这些人进行有效监督。

关键的是，要通过长期的制度和实践形成一种社会观念，让人们一想到法官，就想到的是独立、专业和法治理想，而不是有能力摆平事情。

当前，更大的问题是改革如何能与外部环境对接。"因为惦记着升迁，也要在社会上立足。"真正优秀的法官必须能够抵御利益、权力和情面三方面的压力，这还需要制度和环境的支持。

OPINION 观点

棱镜泄密案的关键问题

来源于FT中文,作者菲利普·博比特,是哥伦比亚大学教授,译者马拉。
原文链接:http://www.ftchinese.com/story/001050894?full=y。

/ 棱镜计划
/ 信息
/ 泄密

有关棱镜计划的细节显示，该计划使得美国情报机构能够获取海外通信传输路径中的服务器数据。这类数据的搜集如何能够帮助政府阻止恐怖袭击？海量数据不会累坏数据分析员吗？

这些问题，可以从以下几个方面来解析。

首先，执法机构必须获得一些"硬货"信息——名字、照片或一个地址。电脑运用数据挖掘出所有这些不同的数据中的联系。一旦隐藏在数据中的联系网浮现出来，电脑就能通过分析来判断哪些是重要节点。情报机构通过电脑对信息进行交叉比对，而不是派特工进行海量的实际监视。

其次，对这一流程有哪些制约手段？如何能够防止一个流氓分析员越界？其实，所有这类越界行为的监控都是通过一台机器来完成的。这台机器可以保存查询记录，记录查询指令由谁发出以及基于哪条规定。查询记录可被自动发送给有监督权的第三方，例如审计机构或总监察长。

再次，一旦这套程序识别出某些个人的身份，情报部门就必须向一名法官（或由法官组成的专门小组）申请许可，以监听或监视与这名美国人有关的任何通信活动。例如近期向媒体爆料的线人爱德华·斯诺登发现有一名同事窃听了需要法律授权才可监听的谈话。

最后，这些项目得到了充分的法律授权，美国国会近期又再次确认。就在 2008 年，美国法院还曾判定，IP 地址与电邮地址等同于邮政信件上的地址，因此此类信息不享有隐私权。

换句话说，不掌握这类数据，司法体系的监督机制将失灵。不汇集元数据，美国情报机构将被迫在"冒放过阻止恐怖暴行机会的风险"和"违反法律"之间二选一。

OPINION 观点

"联合国狱警"：
我所在的监狱，关的都是老外

来源于微信法律读库，作者周华蕾，原标题《我所在的监狱关的都是老外，朋友说我是"联合国狱警"》。
原文链接：http://www.148com.com/html/4451/510873.html。

/ 外籍犯人
/ 监狱

东莞石碣镇新洲岛，一方弹丸之地，吸纳了来自49个国家，操着25种语言的数百名外国人。

真正的麻烦始于2007年，非洲、中东籍犯人相继拥入。有些犯人头一遭来中国，带着毒品刚下飞机，就被逮捕进了"号子"；尚有辨不清国籍的，一过海关就把护照给撕了，至今身份不明。

我们首先要过的，是语言这道坎。和小语种犯人谈话至少需要4个人：只会讲土语的犯人，土语译英语的人，英语译中文的人，最后是我们。单是谈个"不吃冬瓜不吃通心菜"的问题，几个回合翻译下来，也得耗上十来分钟。

一条菜虫都可能酿成一起外交事件。一次，有伊朗人在菜里发现了一条菜青虫，当即打捞出来做成标本，火药味十足地跟我们投诉："你虐待我们，漠视我们的健康权。"

这些外籍犯人困惑为什么要劳动。非洲犯人便喜欢上了"生病"，这样就可以在医务室输液了。大瓶子一吊，很快夜幕就降临。欧美犯人建言，能否在感恩节放假、不参加劳动。

外籍服刑人员第一年要学"床前明月光"，学达·芬奇画鸡蛋，还学毛泽东的《沁园春·雪》。课堂上的表现会和减刑直接挂钩，通常他们会认真完成作业，被老师用红笔打上大大的"A"。

因海洛因被抓的拉瓦锡刚入狱，在被子里哭了4个月。写一封家书到非洲，动不动就是半年。现在，他是监狱里的积极分子，会应时举起右手，"Bao Gao Zhang Guan"。

最近，他还决定向我们申诉减刑，这又将是漫长的沟通。从中文到乌干达式英语，但我们听懂了他的一句话，他很是怀念家乡的玉米粥和马铃薯。

… OPINION 观点

500 死囚遗言

来源于荆楚网,原标题《500死囚遗言句句恳切 应否废除死刑再度引发争议》。作者不详。
原文链接:http://news.hsw.cn/system/2013/07/10/051708107_01.shtml。

/ 死囚
/ "废死者"

"说实话，我没杀过人。""我希望上帝能因此原谅我。""我觉得对我的惩罚已经够了。""我不认为处决了我之后，世界就会变得更美好更安全。"……这是美国得克萨斯州被处决的500死囚的临终遗言。

美国得克萨斯州自1982年12月恢复死刑后，死囚人数达到了500人。近日，得克萨斯州刑事司法部网站公布了一个数据库，这些死囚的临终遗言再次引发大众的思考。

即便在早已废除死刑的英国，近年也有众多民众呼吁应该恢复死刑。这表明，死刑作为伸张正义的极端方式依然具有强大的诱惑力。不可否认，中国有支持死刑的强大民意基础，"李昌奎案"和"药家鑫案"就是典型表现。

虽然"废死者"和支持者的立场截然不同，两者的出发点却惊人相似，那就是应当尊重生命。但如果将两种立场分别放到个案中检测，缺陷就立刻显现出来了。在"偷车杀婴惨案"面前，"废死者"的立场显得有些伪善，你尊重了凶手的生命，谁来尊重婴儿的生命？在"聂树斌冤案"面前，支持者的立场又显得过于武断，死刑是执行了，但真凶还没抓到。

穷尽人类理性，完美无缺的司法制度是不可能实现的。根据美国"洗冤工程"组织的统计，在性侵案件中，已有25%左右的犯罪嫌疑人因DNA检测而无罪获释。

我们是否愿意支持这样一个制度：它固执地用死刑实现成千上万受害者的正义，同时又武断地剥夺少数几个被冤者的生命？

既然"废死者"和支持者都承认生命价值至高无上，答案就很清楚了：不能因奉守实现正义的某种特定方式就轻易放弃无辜者的生命。

OPINION 观点

关于强奸的 23 条谬论

来源于译言网，原文作者 Flora Mac，译者女声。
原文链接：http://select.yeeyan.org/view/334934/381903。

在强奸、性虐待和猥亵儿童事件中，唯一犯错的人，就是那个施暴者。

对强奸迷思的接受度越高，将强奸归咎于受害者的倾向就越强。

迷思1："强奸是一种由性冲动引发的性行为，它是一种激情犯罪。"

迷思2："她穿成那样就是想要被强奸。"

迷思3："女人喝酒和吸毒是希望被强奸。"

/ 强奸
/ 施暴者

迷思 4："男人天生就想要性，别怪他们，要怪就怪上帝。"

迷思 5："当女人说'不'，她其实在说'是'。"

迷思 6："是她先开始调情的。"

迷思 7："她默许了。"

迷思 8："女人渴望被强奸。"

迷思 9："女人要收敛点，以免'招惹强奸'。"

迷思 10："强奸大多发生在陌生人之间。"

迷思 11："大多数的强奸报案是诬告。"

迷思 12："男人不会被强奸。"

迷思 13："只有寂寞的、没有吸引力的男人才会强奸妇女。"

迷思 14："一个真遭到了强奸的人会显得精神失常。"

迷思 15："受害者不曾尖叫或反抗，所以这不是强奸。"

迷思 16："如果受害者没有马上说出来，就不是强奸。"

迷思 17："因为她独自出门。"

迷思 18："性工作者不会被强奸。"

迷思 19："在某些情况下，强奸受害者自己也有错。"

迷思 20："强奸犯都是精神病患者。"

迷思 21："强奸是一种只会影响少数女性的罕见犯罪。"

迷思 22："强奸只发生在夜里和室外。"

迷思 23："只有坏女人才会被强奸。"

基本的事实就是，无论在怎样的情景和环境下，在没有获得同意之前，"不"就是"不"！

OPINION 观点

台湾警察的人情味

来源于《南都周刊》,作者罗世宏,任教于台湾中正大学传播系,现为台湾媒体观察教育基金会常务董事。
原文链接:http://www.nbweekly.com/column/luoshihong/201307/33797.aspx。

/ 台湾
/ 警察

　　来势汹汹的台风"苏力"在台湾造成3人死亡。其中一名是警员陈锦荣，他在深夜下班返家途中，被强风吹落的顶楼墙砖击中头部。事件发生后，台湾官方立即视同因公殉职，估计抚恤金近千万元台币。

　　担任警察工作近30年的陈锦荣，今年50岁，原本打算明年办理退休，平常挂在嘴上的一句话是："做警察是做好事、做功德。"

　　媒体批评政府"该拆的不拆"，因为酿祸的顶楼砖墙早在五年前即已被举报为违建，但政府未能及时拆除，以致造成这次悲剧。没有人因为警察之死而幸灾乐祸，也没有人争论该不该从优抚恤，这大抵反映了台湾较为融洽的警民关系。

　　我曾陪同大陆友人走访嘉义新港的奉天宫，累了信步走进派出所。一进派出所，就看见墙上有"乡亲您好，有空欢迎来喝茶"的标语，警察忙不迭招呼我们，除了请我们就座之外，立刻就奉上了饮料和水果。值勤归来的派出所主管也加入龙门阵，和我们聊了半个小时。

　　台湾警察从日据时期的"大人"，变成了威权时期的"人民保姆"，再转变成现在的"穿了警察制服的普通公民"，"服务者"的柔性形象渐增。

　　如今在台湾的公共场所，经常是老半天见不到一个警察，但社会和谐运行无碍。台湾妇女独自在夜里穿街走巷时不必提心吊胆，只身一人来自外地的旅客也无须太过担心会遇到偷拐抢骗。因为台湾的社会信任度普遍较高，社会安全与福利机制为治安提供了基本屏障。

OPINION 观点

香港警察这样维稳

来源于凤凰博报，作者程鹤麟。

原文链接：http://blog.ifeng.com/article/29304897.html。

/ 香港
/ 警察
/ 维稳

福建人甄氏（化名），来港十几年。

半年前，楼上新住户养了三四条狗。夜间，狗常发出咚咚噪声。上周四凌晨，老汉和老伴又一次被吵醒，又一次给保安打电话投诉，又一次辗转反侧难以入眠。

忍无可忍，给楼上写了一封非常诚恳的恳求信，求他们夜间保持安静。

当晚8点多，楼上主妇上门问罪，说那封信威胁她家人和她的狗，甫问肯定就是"碎尸万段"四个字惹得她火起。

10点钟开手机，屋苑管理处主任来电，说楼上已于昨晚报警，今天警察要上门调解，地点就是楼下大堂，那里有CCTV监控，调解过程会被录像。

老汉下楼到本座大堂，只见楼上有主妇和两位军装、一位便衣共三位警察。

老汉非常诚恳，首先对警察说，我在香港住了十几年，第一次遇到这样的邻居。继而老汉表示，既然你们看过我那信了，应该会明白我不是要威胁她的狗，"我只有一个坚定不移的要求，就是对方今后不再骚扰我们睡眠。"

警察听完，马上过去找对方，过了一会儿回来，说对方不再追究"碎尸万段"的事，并会采取措施，保持安静。调解成了，没事了。

警察临走时说，以后再有噪声你就报警。老汉说我报警之后你们起码10分钟才到，这时他们家安静了怎么算？警察说，我们不管他安静不安静都会去拍门。你报警三次，我们来过三次之后，就会给他发告票。

调解过程不到10分钟。

这回见识了香港警察的维稳作为，他们不来评断是非，把当事双方隔开，分别谈话。各方说了什么全由警察传话，显然是只传好话，不传难听的话避免激发矛盾。

OPINION 观点

台湾法律人的幸福和忧愁

来源于影响力中国网，作者周大伟，江苏无锡人，旅美法律学者。
原文链接：http://www.impactchina.com.cn/fazhi/fazhisi/2013-08-15/30833.html。

/ 台湾
/ 法律制度
/ 法律人

对台湾法律制度的最初印记，是来自大学校园里书商们贩卖的台湾法科盗版读物。繁体字，竖排版，半文半白，如"告诉乃论"就是"告诉才处理"。

台湾地区继承了民国以来的法统，"西法东渐"的文明成果基本得到了存续。

近年来，大陆在立法和法学研究方面从台湾获得了很多借鉴，引发了一些议论。当然，对有些内地学者忽视学术规范的行为是需要批评和谴责的。不过，台湾这一套法律制度及其理念，也是从日、德、法、美等借鉴而来的。马英九先生谈当年报法律专业时，他的父亲很不高兴，理由是，学了法律后可能会"法治观念太强、司法性格太重，守经有余，权变不足"。早年台湾存在着严重的司法腐败，其实和薪水偏低也有关系。据说有个法院院长，挤羊奶来向同仁推销。如今，台湾法官的薪水已在一个很高的水准上。

这一切在台湾伴随着一系列的制度震荡和司法改革运动，伴随着一批又一批法律人前赴后继的抗争，终于在20世纪末期发生了质的变化。

尽管仍然会爆出若干司法官的贪腐丑闻，但总体上素质已经获得认可。制度，可以重塑一个职业群体。新的价值观，可以使每一个个体得到启发、感染和提升。

台湾法律人地位提升和法律人领衔执政的局面，是令人兴奋和羡慕的。台湾法律人并不满足，"社会如此善待法律人，法律人自己呢？又做出了哪些事情？……"

如果说，中国的法治可以期待，那么首先需要有一批"生逢其时的"、"争气的"和有道德担当的法律人的出现。

OPINION 观点

中国特色反腐败斗争模式

来源于网易订阅，作者吴玉章。
原文链接：http://dy.163.com/article/T1374542159412/9PA3UA4N00964K9T.html。

/ 中国特色
/ 反腐败

    中国特色反腐败斗争模式渐渐形成。这种模式是我们对于解决世界性反腐败难题的贡献，由一个原则、一个任务以及三个基本要素构成。

    原则是坚决贯彻党中央在反腐败斗争中的部署。任务是遏制腐败蔓延势头。腐败现象的多发、易发需要全面改革的进一步深化，当前只能提出遏制蔓延，为彻底解决腐败现象创造条件。

    三个基本要素：警示在先。要求全体党员干部认真遵守，其中包括贯彻落实习近平总书记提出的八项规定、纠正四风，以及警惕"会所中的歪风"等，这里既没有"阴谋"，也没有阳谋，一旦经人检举发现违规，那就别怪中央纪委以及下属纪检监察部门找上门来。严打在后。无论是苍蝇还是老虎，即法律面前人人平等。收效长远。呼吁重视制度建设也体现为一种比较成熟的管理，用大家都能够接受的规则代替个人的直接命令。

    中国特色反腐败斗争有这样几个特点：第一，坚定不移。过去，党和国家最高领导人也都多次提到反腐败问题，很快，这种注意力也就慢慢转移了。新一届党中央领导集体坚持对于腐败现象的"零容忍"。第二，中国模式的反腐败斗争，目前还是以权力推动为前提。第三，以权力为主导，同时体现法治精神的反腐败斗争模式，才是真正的中国特色。在任何一个国家，要想走法治道路，都需要有一个主导力量。

司法改革的逻辑

来源于《财经》，作者季卫东，原标题《法制改革的逻辑》。
原文链接：http://www.cssn.cu/fx/fx-figg/201406/t20140604-1196443.shtml。

/ 顶层设计
/ 法治中国
/ 司法改革

顶层设计的三个向度

主权学说和政治决断力。应该确立全国整合化的秩序，避免某种被放任的自由最终导致执政者举棋不定的状态。

规范体系和法律共同体。通过行为规范、程序以及根据个人权利的各种追诉活动把权力关到制度的笼子里；政府和社会都共同守法，才能建构一个法律共同体。有必要再追加"法治立党"、"依法管党"的原则。

操作技术和制度合理化。坚持统治理性，防止裁量权被滥用。

法治中国"四维"的合理化

有四个法学领域或者部门法值得给予高度重视，即刑事法、税法、侵权责任法以及行政诉讼法。要适应社会的发展，还需要进一步推动财税制度改革、行政制度改革以及司法制度改革。预算法案的革新以及人民代表大会预算审议的实质性开展，可以当作宪法秩序重构的主要抓手。通过行政管理的负面清单或者权力清单的明确化、简短化的方式来减少政府干预。通过法官任免程序的调整以及司法的专业化、透明化来实现审判的独立与公正。

司法体制改革的杠杆与支点

我国的审判机关和检察机关都不是闭合系统，体外循环圈没有打破，审判独立和检察独立就难以真正推动。

根据依法执政的指导思想重新定位中央政法委员会，设定为切实管好它的入口和出口。入口在全国人大立法程序，出口在司法文书执行程序。

再对有关组织法进行修改，特别是重新界定信访系统的职能之余，还应承认最高人民法院享有对具体问题的宪法解释权。

OPINION 观点

美国的强奸盾牌法

来源于财新网博客《法律是经济的另一个名字》，作者陈立彤，上海元达律师事务所合伙人。
原文链接：http://chenlitong.blog.caixin.com/archives/59300。

/ 强奸
/ 挡箭牌
/ 平等

2013年7月16日，微博认证为清华大学法学院证据法中心主任的易延友，在其微博替李双江之子李某某的律师辩护时表示，强奸陪酒女也比强奸良家妇女危害性要小；此言一出，立即引来网友热议。随即，针对网友质疑，易延友微博表示，最后一句修正如下：强奸良家妇女比强奸陪酒女、陪舞女、三陪女、妓女危害性要大。当然，易延友在17日发微博道歉。

我们姑且不论李某某是否构成强奸罪。是否认定为强奸与相关女性的职业背景没有关系。因此，易延友对于法律的解读是错误的。相关女性的律师声明道："陪酒女"不是李某某等强奸无罪的挡箭牌。

从美国的"强奸挡箭牌法"说起，《美国联邦证据规则》第412条规定，在一切涉及不正当性行为的民事或刑事案件中，任何证明受害人过去性行为或性倾向的证据，一律不予采纳。当然，该"强奸挡箭牌法"也有例外规定。

从立法中可以看出，证据规则是针对全部受害人所作出的毫无例外的推定。而例外条款是针对被告人或受害人的具体行为所作出的。

"强奸挡箭牌法"的制定是为了保证在不涉及被害人隐私的前提下，对不正当性行为的指控也能顺利进行，从而鼓励受害人指控性侵行为。然而，对受害人卖淫身份证据的采纳将使得公众对于被害人的误解和偏见无法消除，因此阻碍对强奸嫌疑犯指控的顺利进行。

强奸她（他）人就是犯罪，不管其社会职业是怎样的——这也是对"法律面前人人平等"的另外一种诠释！

从身份到契约

来源于爱思想网，作者周大伟。原标题《周大伟：从身份到契约：对器官移植新法规的思考》。
原文链接：http://www.aisixiang.com/data/67317.html。

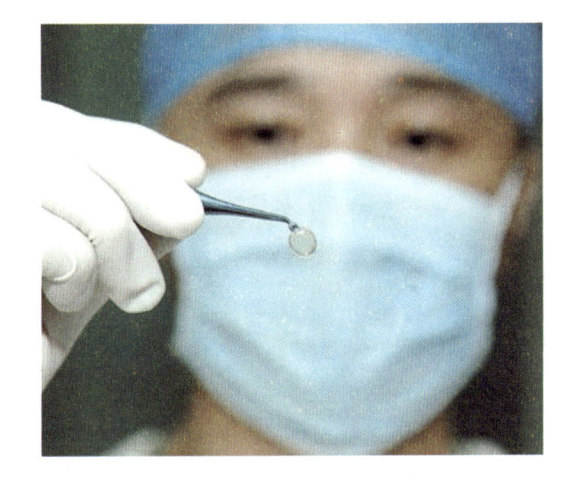

/ 身份
/ 契约
/ 权利

目前，我国每年有约30万人需要器官移植，但仅有约1万人获得捐助。同时，不少境外富有人士通过不法手段争抢国内人体器官。

国家卫生计生委公布了《人体捐献器官获取与分配管理规定（试行）》。根据该规定，自2013年9月1日起，任何机构、组织和个人不得在器官分配系统外擅自分配捐献器官。据悉，世界卫生组织也对该系统表示了认可。

2009年1月，乔布斯同意进行肝移植手术。但是器官共享联合网络优先考虑肝硬化和肝炎病人，而不是癌症病人。在美国，想绕过合法程序"插队加塞儿"是完全不可行的。

乔布斯的妻子劳伦·鲍威尔每天晚上都去查询排位和积分的进展，大概6月以后才能得到。劳伦获知，在两个州同时排位是被准许的。2月下旬，在田纳西州排上了队。3月中旬，终于到了第一名。

3月21日，一位年轻人在车祸中丧生，乔布斯因"祸"得福，又多活了两年多的光阴，推出了享誉全球的iPad，昭示了后PC时代的到来。

这一系统旨在于超越任何个人的身份、摒除人为干预，将患者医疗状况紧急程度和器官匹配程度等客观需求作为器官分配的唯一准则。也为公众对器官捐献的信任奠定了基础。

在很多西方国家，即便你是个穷人，只要你排位在前，你的权利就无人可以覆盖。在温哥华，新移民张先生排位到达第一位时，医生告诉他，总理阁下也只能排在你的后面。

"从身份到契约的运动"，到目前为止，即便在西方发达国家，也并没有完全终结。对于习惯于依照等级、身份来分配社会资源的中国人而言，还任重道远。

OPINION 观点

死生契阔，是为一念

来源于腾讯·大家，作者周轶君，资深战地记者，长期从事中东及国际热点地区报道。现任凤凰卫视时事观察员。
原文链接：http://dajia.qq.com/blog/333358085960366。

/ 死刑
/ 民主

    2010 年台湾出了这么个"法务部长"：王清峰坚持废除死刑，任内押下 44 宗判死案例，拒绝在死刑令上签字，"主动"请辞。"刀下留人"的结果是，抗不过"立法委"质询，"主动"请辞，丢官走人。当时岛内惋惜之声有，叹之"女侠"，但更多是批评王清峰拂逆民意，违法乱纪。近八成民意赞成保留死刑。"杀人偿命"，对中国人而言，是超越法律意识之上的习俗认定。王清峰不但拒绝这种因果报应，还宣誓自己愿替死囚"下地狱"——除了对世界司法潮流的超前认知，最根本的原因，是出于一名基督徒的信仰。

    1786 年 11 月 30 日，神圣罗马帝国托斯卡纳公国成为第一个永久废除死刑并捣毁刑具的地方。

    杀死一个生命并不能挽回另一个生命，死刑只能对罪犯家庭造成二度伤害；最要紧的是，冤案时有可能发生。主张个人权利的欧洲人还有这么一个"根上"的疑虑：法庭为什么有权决定一个人的生死，死刑很可能被专制政权用来打击异己。

    中国古代历史上，受佛教慈悲的影响，唐玄宗曾经废除死刑。而在他前后数百年，由于死刑的判决最后都要由皇帝下达，真正执行死刑的案例并不多。令人费解的是，玄宗废死两百年后，中国人却发明出更残忍的"凌迟"。

    保留死刑的 58 个国家和地区，其中民主和经济高度发展但仍"以死惩戒"的还包括美国、日本和中国台湾。近几年，执行死刑最多的是中国、伊朗和美国。

    近些年，经济发展带动人道提升，中国执行死刑的数量在减少，手段更是改变。2004 年新华网发文"注射死刑岂能成为贪官福利"，质疑为什么平民死囚仍面对枪决，贪官却可以在最后一刻高人一等，接受痛苦大减的注射。中国实行注射死刑脚步不一，云南开风气之先，但在马家爵身上重新使用枪击，并不作解释；山西、北京在 2009 年宣布无分对象，一律使用。解放初期死刑使用的子弹需要死囚家属付钱。1968 年 4 月 29 日，林昭在上海龙华被枪决。两天后，公安人员来到林昭母亲家，索取 5 分钱子弹费。

    小贩夏俊峰之死，再一次惹起死刑存废的热度。人们更关心的，不是死刑本身，而是死刑面前是否人人平等。如果保留死刑，是为了给民心一个交代，夏俊峰的死，未见得终结仇怨，反而开启了争论与分裂。

    死生契阔，是为一念。

Opinion 观点

爆炸袭击简易自救手册

来源于果壳网。
原文链接：http://www.guokr.com/article/5875/。

/ 爆炸袭击
/ 自救

据世界第二大保险经纪商（Aon）统计，2009年度全球恐怖袭击排行中，炸弹袭击事件以及自杀式炸弹袭击事件所占的比例超过了50%。危机时刻，只有保持冷静，才能最大程度减少自己的损失。

锻炼眼力，发现袭击者

由于炸弹通常需要引线或引爆器来操作，这些人的手会缩在袖子里或者长时间放在兜里。如果你看到一个人穿着和身材、季节明显不符的大衣，隐隐约约还露出来几根导线的话，要注意了。

这些人"心里有鬼"，会表现出以下特征：过于主动"混进"人群，并反复在同一块区域进进出出；主动避开警察的视线；经常把衣服向下拉，并且十分小心地照看随身物品；避开视线交流与视频监控。

核心目标都是人员集中的地方。万一你看到了可疑人员的话，不！要！逞！能！没错，你不是超人，你不是钢铁侠。正确的办法是，一边默念："这货不是恐怖分子，这货不是恐怖分子"，一边默默走向警察叔叔报告你的发现。万一那货真是恐怖分子——别慌，往下看。

爆炸自救，镇定第一

在爆炸发生时，自救的第一步就是"趴下"——最大程度降低伤害，还可以防止吸入过多有毒烟雾。在确定不会有第二次爆炸之后，可以逃生了。要注意避开"晃晃悠悠"的柱子和大块的玻璃，墙壁很可能会反弹远处飞来的碎片。如果你家附近遭受了恐怖袭击，打开电脑、电视、收音机，收集官方信息。记住，只相信可靠的信源，绝不轻信流言。

OPINION 观点

对囚犯的美术疗救

来源于《南方周末》,记者陈一鸣。原标题《"等你毕业了进监狱吧":中央美院学生的美术治疗》。
原文链接:http://www.infzm.com/content/95944。

/ 囚犯
/ "美术治疗"

中央美术学院雕塑系研究生叶子和她的小伙伴"入狱"4个多月,在北京市某监狱尝试了"美术治疗"。

引进"美术治疗"的大背景是司法部门正在尝试教育改造的"社会化",把包括心理矫治在内的各种先进方式引进监狱。美国学者认为,犯罪人群是"社会精神卫生的洼地"。服刑人员很多有人格障碍,与童年的病态人格有很大关系。叶子用心理学家贝蒂·艾德华的《像艺术家一样思考》为蓝本,初步拟定了教学方案。这本书教人在5天之内学会画素描,它教的不是技巧,而是一种思维模式——"用右脑绘画"。课堂上,服刑人员可以用本名,也可以给自己取个外号。叶子只教如何观察,比如用儿童的眼光仔细观察一束花;每幅画得到的都是鼓励。

叶子设定的目标是提升他们的自尊。

"脾气暴躁,缺乏耐心,是不可能画好一束花的。当他把花画下来,在作品上签名,这就是一种自我肯定。"叶子说。

相当一部分画作像是儿童生活漫画,画作边上的文字标注是冷酷的——"爸爸你真壮,我怕,我怕呀"、"这样对待孩子太残酷,警告那些家长,虐待儿童是非法的"……如果留神看,还是能看出叶子带回的四百多张绘画作品中隐藏着一种"心里发紧的感觉,不那么自由舒展"。"他不会用语言说出来,但绘画时潜意识就会宣泄出来,达到减压效果。"叶子说。

北京市监狱管理局杨畅的看法是,只要服刑人员坚持4个月一直沉浸在审美氛围之中,本身就是一个"修补人格"的过程。

OPINION 观点

台湾人的"关说"是什么意思

来源于法律博客，作者丁金坤。
原文链接：http://blog.sina.com.cn/s/blog_5f7396520102e8va.html?tj=1。

/ 台湾
/ "关说"

台湾的"关说"，相当于大陆的"打招呼"，即当事人或其委托的人，向司法人员说情。马英九召开记者会，批评立法院院长王金平为柯建铭的司法案件"关说"，法务部部长说这是侵犯司法独立最严重的一件事，也是台湾民主法治发展最耻辱的一天。

"关说"在唐朝也定为犯罪。《唐律疏议》第135条规定"诸有所请求者，笞五十；即为人请者，与自请同。主司许者，与同罪。主司不许及请求者，皆不坐。监临势要（势要者，虽官卑亦同）为人嘱请者，杖一百。"【疏】议曰：凡是公事，各依正理。辄有请求，规为曲法者，笞五十。势要者为人嘱请曲法者，无问行与不行，许与不许，但嘱即合杖一百。即为人说情的，无论是为己为人，都是违法的，如果官员同意说情的，与说情者同罪。而有权势的官员说情的，无论被说情的官员是否去做，都要处罚。可见，唐律规定公事公办，很严厉，也很严谨。

《唐律疏议》还进一步规定："诸受人财而为请求者，坐赃论加二等；监临势要，准枉法论。与财者，坐赃论减三等。若官人以所受之财，分求余官，元受者并赃论，余各依己分法。"【疏】议曰：若无心嘱请，诡妄受财，自依"诈欺"科断。即如果受财"关说"的，以坐赃论，如果受财不去"关说"的，以诈骗罪处理。而"关说"的官员受财后，又分给其他官员去"关说"的，则受财的计算总额，其他的按分到的计算。呜呼，唐律的规定疏而不漏，比现代刑法先进得多。

廉政公署经验不可复制

来源于经济观察网，作者何亮亮、燕舞。
原文链接：http://www.21ccom.net/articles/qqsw/qyyj/article_20130913 91896.html。

/ 廉政公署
/ 政治体制
/ 执法体制

2013年4月，廉政公署上一任廉政专员汤显明被指任内（2007年7月—2012年6月）涉嫌滥用公帑、公款吃喝超标、向宾客赠送超额礼物等违规行为。

4月26日，廉政公署就此前向立法会提交的汤显明任内送礼清单中未包括食品一事致歉；5月2日，特首梁振英宣布成立"廉政公署公务酬酢、馈赠及外访规管制度和程序独立检讨委员会"；自5月6日开始，廉政公署迅速出台新的行为指引。

近40年来，廉政公署人员本身尚未出现贪污，但也出现过行为失当等情形；廉政公署成立早期假定的"行政长官的纯洁性"也日益面临挑战。"汤显明事件"更是考验着廉政公署的公信力和它应对困局的自我挑战能力。

廉政公署所有的案子，必须把证据提交给律政司，由律政司决定要不要起诉，如果证据不够，退回去再补充。当然，由廉政公署提出来的案子，律政司的起诉率非常高，被法官判刑的比例也很高。这些都在一定程度上防止廉政公署为所欲为，所有设计跟香港法律体制是一致的，这也是廉政公署不可复制的原因。

现行体制下，廉政公署首长廉政专员直接听命于行政长官。廉政公署经费单独拨付，比照公务员制度，但廉政公署工作人员不是公务员，它完全独立于香港现行的政治体制和执法体制。

在曾荫权任内的后期，时任政务司司长许仕仁跟新鸿基地产公司有不当关系，但是媒体也不能报，因为没有证据，涉及香港最大的地产商。香港市民对廉政公署不满，所以现在投诉汤显明，也反映出对廉政公署没有积极地查办曾荫权案的不满。

OPINION 观点

廉洁年金能否让官员罢贪

来源于爱思想网，作者何清涟。原标题《廉洁年金能让官员罢贪吗？——"383改革方案"的单项经济学分析》。原文链接：http://www.aisixiang.com/data/69391.html。

/ 成本
/ 廉洁年金
/ 腐败

1992年的诺贝尔经济学奖授给了加利·S.贝克。贝克在《人类行为的经济学分析》中指出，人类社会的犯罪实际上是一种"经济活动"，犯罪者对自己从事的犯罪活动，都有自己的"成本"和"收益"盘算。犯罪嫌疑人之所以犯罪，是因为他预期犯罪收益大于成本。贝克因此提出，对付违法行为的最优公共政策就是提高违法成本，使违法"不合算"。

根据中国人民银行网站报告，20世纪90年代中期以来，平均每人携带外逃的资产高达4440多万元至5000多万元。利润何止300%？分析说明：中国官员在从事腐败活动时，其预期犯罪收益远远高于成本。

除了总体成本核算之外，还有其他几项可以统归于"机会成本"，即放弃寻租机会所失与拿廉洁年金所得之间的收益比较：

一是升迁的概率成本。到了科级以上，抓住寻租机会捞钱的"吸引力"，远比廉洁年金要大。

二是时间成本。相对于1/12的升迁至处级的机会，大多会选择现实利益。逾百万"裸官"的存在，表示这些"条件成熟"的官员已经做了风险选择。

三是腐败行为的风险成本。风险成本指：腐败曝光的机会有多大，以及最严重的惩刑是什么。中国研究者估计的"腐败黑数"是80%至95%，即腐败行为被曝光的可能性只有5%至20%；对于省部级及以上官员来说，腐败免死几乎是2007年以后的定例。其最高风险也不是上绞刑架，而是死缓，这种成本与收益的比较，简直有如海盗行业行情。

从李某某案到转基因人

来源于法律博客，作者何家弘。
原文链接：http://hejiahong.fyfz.cn/b/782320。

/ 强奸
/ 犯罪

2013年11月27日，李某某等五人强奸案，二审维持原判。

罪犯的养成也一般都发生在父母的身边。父母者都应该汲取教训。

李某某等人之犯罪，首先是社会的过错。当下中国的社会环境是相当恶劣的，甚至是奖恶抑善的，鼓动人们进行恶性竞争乃至暴力厮杀。此外，性道德的沦落与性行为的放纵，也助长了相关的犯罪。

老年得子，难免宠爱娇惯。母子情深，往往偏袒纵容。有些生怕孩子吃亏的父母，从小把孩子培养成"狼"，以免成为"羊"。结果，孩子长大后却站到了被告席上。这也是家庭的过错。

人类先天形成的个体差异中是否蕴含着犯罪的元素？

笔者认为"人性本恶亦本善"。人的本性中都同时存在着善源与恶端。这种本性的差异会影响人的行为取向，而犯罪也是一种行为取向的结果。我的第一部犯罪悬疑小说取名《血之罪》，"你犯下了罪恶，因为你的躯体内流淌着罪恶的血液"。其实，依据龙布罗梭提出"犯罪遗传"的理论，40%的罪犯都是天生的犯罪人，继承了先人的残暴特征。

有这样一个美国科幻电影，某位科学家发现自己有一个邪恶的DNA片段，他查明了位点，然后"手术"将其切割封闭。

"转基因人"还只是个科学幻想，但是"转基因社会"确是可以探索成行的。社会制度也具有遗传性。尽管人们"砸烂旧世界"、"破四旧"，但社会制度中仍带有过去的"遗传基因"。换言之，中国的社会制度缺少民主"基因"、法治"基因"、平等"基因"，也缺少包容的"文明基因"。

OPINION 观点

雾霾的尽头

来源于腾讯·大家,作者孙凯,《瞭望东方周刊》常务副总编辑。原标题《雾霾会越来越频繁地光临》。
原文链接:http://dajia.qq.com/blog/393722000024893。

/ 雾霾
/ 环境
/ 治理

　　最近一周，一场罕见的大范围雾霾笼罩着中国。

　　工业化程度高了，环境污染随之加重。然后强化污染治理。先行国家无一例外。10年内一定会有极端的环境灾难事件出现。中国的国土面积、人口基数、发展路径和生活方式，4个元素必然导致这个结果。

　　最乐观地预计：开始整体不可逆地好转应该是在第二个30年之后。这还得仰仗总体政策正确、国人配合。也就是说：再忍受雾霾、污水等最少30年。日本由"川崎哮喘"、"水俣病"肆虐到好转用了大约30多年。

　　新中国成立初期，毛泽东在天安门城楼上说，要很快发展到站在城楼上能看到数不清的烟囱。这充分表露了中国对于工业化的急迫心情。在环保意识开始觉醒后，各个城市都开始把工厂迁到边缘地带，中小城市、城镇、农村的环境污染严重起来。

　　农村的污染，最终都将随着水流、农产品等和很多人的生活联系起来。农村的困窘，最终都将会以各种形式回馈到社会。各种污染最后都会进入水中，或者经阳光照射挥发到大气之中，进入我们的口中、我们的肺中。

　　西方传给中国人完备的生态理念，也传入了令中国人向往的生活方式，还把中国纳入了和他们相同的经济发展轨道。这是相互矛盾的，于是中国人像金庸小说中的老顽童，在左右手互击的痛苦中前行。

　　我设想的环境治理力度，应该是全世界最严厉最极端的！要想有蓝天白云，整个民族就必须收心敛性。

OPINION 观点

"贪官经济学"

来源于纽时中文网，作者余华，《纽约时报》观点撰稿人，由 Allan H. Barr 译成英文，英文译文经余华本人审定。
原文链接：http://cn.nytimes.com/opinion/20140512/c12yu/。

/ 贪官
/ 人民币
/ 经济学

对于中国的普通民众，人民币升值并没有让他们感到钱越来越值钱，反而是钱越来越不值钱。对于内贬的原因，不少人认为是央行货币超发造成的。根据央行发布的数据，2013 年末广义货币 M2 余额 110.65 万亿元，而 2003 年末 M2 余额 22.1 万亿元，10 年增长超过 4 倍。

中国的经济增长主要依靠投资，因此需要大量增加的信贷投放。经济学家吴晓灵说："过去 30 年，我们是以超量的货币供给推动了经济的快速发展。"回顾近十年，大规模的货币超发没有引发通货膨胀，这是什么原因？

来自官方的声音否认中国货币供应量存在超发现象。央行调查统计司司长盛松成表示，M2 较大是因为储蓄率高、间接融资（指银行贷款形式的融资）比重高等造成的。

但一位文学教授发明了"贪官经济学"一词，他另辟蹊径，认为庞大的贪官群体功不可没。

贪官们通常不会去花销巨额的受贿款，也尽量不存进银行（担心被发现），而是以各种方式隐藏起来。这位文学教授大胆估计，M2 余额的 50% 在贪官手上，是不流通的。

中国网民将贪官五花八门的藏钱方法戏称为行为艺术，罗列出藏密码箱、藏厕所、藏粪坑、藏煤气罐、藏出租屋……原呼和浩特铁路局副局长马俊飞被判死缓，他的两所房子堆满了超过 1.3 亿元的钱物，他最头痛的事情就是如何藏钱。

这位文学教授所说的不是经济学的数据，不敢苟同这个具有文学色彩的 50% 的数据；但贪官群体藏起来的不流通现金的数额是惊人的，在货币超发时能够起到一定的抵消通货膨胀的作用。

OPINION 观点

男性亟待纳入性犯罪法律保护范围

来源于南都网，《法的精神——顾则徐专栏》，作者顾则徐，法律工作者。
原文链接：http://news.nandu.com/html/201312/31/649709.html。

/ 性犯罪
/ 男性
/ 刑法

中央电视台近日播出《性侵犯：隐蔽的罪恶》，介绍华东师大二附中物理奥林匹克竞赛名师张大同性侵多名男生的情况。这些男生都已经是为人父的年龄，勇敢地走出来进行指证，希望现在的孩子能避免遭受自己曾经的痛苦。

值得赞赏的是，央视在该节目中少见地直指张大同的姓名、职业、单位，而没有按照惯例使用"某某"进行回避。非常悲哀的是，现行《刑法》根本没有法条可以制裁张大同。《刑法》规定，只有当受害人受害时年龄在14岁以下或为女性时才适用，已满14岁的男性被性侵，既不能作为被强奸对象也不能作为被猥亵对象而受法律保护。

将性犯罪对象限定为未满14岁之儿童及女性，其实颇为荒诞，因为该立法原则根本不符合性学基本原则。只要是人类可能的性行为，都可能以不当方式发生，从而可能构成犯罪。将针对男性的性行为剥离出刑法的约束范围，并不意味着人类就不再发生这种性行为，而是意味着刑法逻辑出现断裂。

《大清律例·犯奸》有明确的鸡奸罪名，比如"恶徒伙众将良人子弟抢去强行鸡奸者"、"将未至10岁幼童诱去强行鸡奸者"等。对象包括儿童、男性，比如有"凡强奸杀死妇女及良家子弟"表述。

民国刑法有"妨害风化罪"部分，1935年《刑法》"猥亵"一词包含了鸡奸，涵盖了一切对于男性的性犯罪行为。

内地法律是抛弃以往法理传统而另起炉灶形成的，难免出现谬误，《刑法》中将被害人为男性的性行为剔除出约束逻辑即是显著一例。

遇到危险，救你一命

来源于新欧洲微信，作者郑三炮，曾任纽约警察。原标题《治安必读：无论国内国外遇到危险 这些都可能救你一命！》。

/ 罪犯
/ 威胁
/ 安全金

虽然你不可能避免遭遇罪犯，但是你却可以拒绝成为受害人。你所要做的就是心理准备。

95%以上的犯罪行为事先没有具体对象，而是在随机寻找目标。所谓最容易的目标，是最没有准备的目标。你的一举一动，都被潜伏在人群中的犯罪嫌疑人每分钟暗中评估。

保护自己，首先是降低与犯罪嫌疑人狭路相逢的概率。尽量不在夜间出去，尽量不在不安全的地方出现。注意周围的环境，特别是你身后的动静。尽量保持你和陌生人之间一臂之外的距离。我把它叫作战术空间。

我会把左臂伸到前面，五指张开。绝不让任何人撞到怀里。如果环境拥挤到连手臂都伸不开的地步，我的方法是：由我选择靠近谁。

测试一下，如果路人问你：劳驾，现在几点了？你怎么样反应？我是把左臂抬到眼前。我看表的时候，眼睛并没有离开陌生人，左臂确保了我的战术空间。

晚上行走，要保持稳健的步伐，方便你注意身后快速接近的人。如果有这样的人，你可以停住脚步，注视对方，让对方走过自己。

当罪犯把目标锁定在你的身上，你如何应对？你的方法是做一个假动作，然后突然朝对方意想不到的地方狂奔。一边跑你一边大喊。如果真的逃不了怎么办？掏钱买路吧。兜里永远带着几百元到一千元的现金，我把它叫作安全金。

卧室门应该有锁，在床头要准备好这两种东西：手机和战术手电。在盗贼侵入的时候，厨房的组合刀具架会构成对你的严重威胁。所以不要把这些东西摆在明面上。

OPINION 观点

知识分子需要补补女权主义的课

来源于法律读库爱微帮。
原文链接：http://www.aiweibang.com/yuedu/gita/97064.html。

/ 法律读库
/ 女权主义

　　《法律读库》转发了"呼市万国学校"的一道【法律趣题】：有一丑女始终嫁不出去，希望自己被人拐卖，一天终于梦想成真，被人绑架。天亮后绑匪看到那张脸，决定将她送回原处。到达目的地后，此女坚决不下车，绑匪咬牙跺脚地把车钥匙扔给了丑女："你走，我的车不要了！……" 问题是：若绑匪弃车辆而去，丑女是否可通过先占有的方式取得该车所有权？

　　《法律读库》的读者们反应热烈，造成后台拥堵，有两位读者的特别观点直接摘录如下：

　　马浩丹（宁夏大学教师）：知识分子需要补补女权主义的课，法律人尤其应该，动不动拿女人的美丑来说事，还一本正经地出题正襟危坐地分析一番，浑然不觉这与平等自由理念有何相违之处，法治的基础是人的尊严，而不是物化的客体。

　　弦歌不辍：奥巴马赞美了一位女检察官的相貌，就引来批评狂潮，总统不得不道歉认错。而在我们的社会文化中，嘲笑丑女却是一种惯常习俗。

　　为什么要让女权主义来补课，首先揭示了相貌文化背后的男权逻辑，女性社会地位被贬低，从而支持了男女不平等的制度。为什么说法律人最该补课，因为法治作为价值离不开平等与自由，而女权主义可以让我们看到隐形的差别和奴役。

　　无论是清华教授说强奸小姐危害小，还是北大教师出绑匪受不了丑女的考试题，都显示着"性别身份在法律上很重要"的不平等意识和"美丑对女人至关重要"的价值偏见，不信请将话题中的女性变为男性再感受下。所以我们应该抵制这样的话题讨论，而不应该装作没事并给出专业意见。

他人即地狱

来源于博客，作者石述思。
原文链接：http://www.21ccom.net/articles/dlpl/shpl/2013/0730/88701.html。

/ 公权
/ 公民

这不是恐怖小说。2013 年 7 月 23 日，两岁的女童熟睡在婴儿车里，由妈妈推着走到大兴区科技路公交车站附近时，两名驾车男子因不满其挡道，双方发生争执，无辜的女童被一名男子用力摔在地上，后送至天坛医院救治，最终不治身亡。

有两种声音在 PK。一些人说：这是极端的个案，专家甚至拿出北京连续天热作为论据。另外一些人说：这是报复社会，是对城市管理者敲响的警钟。

如果说是极端案例，可以举出如下事实进行反驳：北京从 17 日到 26 日，一周时间连续发生 7 起恶性治安事件，其中 4 起存在恶意伤人行为。其间，轰动全国的长春盗车杀婴的罪犯周喜军刚刚被核准死刑；此前的 6 月 7 日，厦门人陈水总公交车纵火，导致 47 人身亡……

两种对立的意见却有个潜伏的共同点：恶魔都是他人，与自己无关。

必须承认，在任何一个正常的现代社会，如此恶魔都不可饶恕。遗憾的是，罪犯尚未审判，就有人主张宽恕，菩萨低眉但身旁必须有金刚怒目。人类社会从未出现过没有忏悔的宽恕。

萨特说："他人即地狱。"

功利主义、成功学外加情欲至上成为一种可怕的社会价值，加上转型社会尚未来得及建立公平正义的利益分配机制。一个由 13 亿人组成的世界第一人口大国，每个人都宛如孤岛，整日 PK。

阶层的固化、贫富的分化又导致普通人上升通道日益狭窄，成为个别人转身成魔的直接诱因。

威权社会首先剥夺的不是人的义务，而是责任。如果想避免人人自危，每个人首先应该以公民的名义承担责任。只有负责的公民，才是遏制公权腐败的最有力武器。

OPINION 观点

不为圣徒便为窃贼

来源于南华早报网,作者李世默,风险投资家、政治学者。2013年7月,欧盟经济社会委员会在布鲁塞尔举办反腐败论坛,本文是作者讲话摘要。
原文链接:http://www.scmpchinese.com/sc/opinion/10766/bu-wei-sheng-tu-bian-wei-qie-zei-zhong-guo-shi-fu-bai-ji-qi-kun-jing。

/ 腐败
/ 权力
/ 财富

当代形式的腐败,仅20多年时间里成为全球性舆论和学术关注的热点议题。

关于腐败的鸿篇巨制被全球"共识"所劫持,世界腐败性质同一,仅程度上有区别,药方如出一辙。比如,美国国际开发总署《反腐败手册》、世界银行《帮助政府反腐败》、联合国开发计划署《腐败与良政》。

1998年印尼根据药方,启动改革。不过是"一个苏哈托裂变成千千万万个小苏哈托"。

近年来,学术界开始反思这些金科玉律。关于腐败,接受度最高的定义是"滥用公信以牟取私利"。关键是"公"和"私"的界定,但在中国正快速转型的经济体,"公"、"私"随时调整,就很难准确定义腐败。

但在发达民主国家,腐败如政治竞选捐款、利益集团游说、"旋转门"等已被合法化。70%的美国人认为整个政府被利益集团操纵;93%认为政客会照顾捐助者。任何评级体系都不会收录,因为行为是合法的。

中国士大夫的身份和地位,要求克己复礼以至大同的道德理想。明御史海瑞合法的俸禄无法维持家庭生计,他的两任妻子相继自杀。

政治权力恪守无私奉献的道德理想,这种矛盾和张力可能是当前腐败的深层根源之一。王岐山是中央政治局常委、中纪委书记,他的月薪可能仅相当于富人一餐。

财富落差成为主要诱因,导致党政官员陷入不为圣徒便为窃贼的尴尬境地。

中国反腐的前景并不悲观。的确,运动式反腐缺乏制度的完善性,然而足以遏制腐败,比"共识类"抽象药方要强多了。

圣徒们在进攻,窃贼们在败退,乘胜追击吧。

中国性犯罪的量刑尺度

来源于壹读微信，作者王钟的、杨佳瑜。
原文链接：http://www.qikan.com.cn/Article/yidu/yidu201317/yidu201317/.html。

/ 强奸罪
/ 嫖宿幼女罪

"当上海的法官们想拼命甩掉'嫖客'身份的时候，李双江梦鸽夫妇在竭力为孩子争取一个'嫖客'的名分。"

2013年8月20日，微博名人薛蛮子引用了这个段子。三天之后，他自己以嫖客身份被抓，而且警方披露他还涉嫌"聚众淫乱"。

前几天是李某某庭审的日子，李某某当庭翻供，称自己未与被害人发生性关系。此前传出"被害人"私下和解的传闻。专家分析，受害人如改口，则将和薛蛮子正面临的指控一样。

尽管强奸罪属于常见刑事犯罪，但在犯罪构成要件的认定和判决制裁上，并不那么容易。最基本的对于"强奸"的定义，在法律上长期有"进入说"与"接触说"的分歧。对它的不同理解，就是"既遂"还是"未遂"，就是能不能少判几年。

在公众甚至法学界的理解中，"嫖宿幼女罪"一般被认为能够替换强奸罪，并使得犯罪嫌疑人获得较轻处罚。区别是，强奸最高可判死刑，嫖宿幼女最高只能判有期徒刑15年。

早在1986年的《治安管理处罚条例》就规定，嫖宿不满14周岁的幼女，依照《刑法》以强奸罪论处。1997年《刑法》"嫖宿幼女罪"被单列出来，并且将处罚标准调低。

广东一位中级法院庭长接受《南方周末》采访时也提及，嫖宿幼女罪，本身就是对幼女的保护，因为如果嫖宿的是成年人，只是一般嫖娼行为，只能给予治安处罚。

这也正是梦鸽此前竭力为儿子争取一个"嫖客"身份的原因所在。

OPINION 观点

香港人为什么不仇富

来源于新浪财经，作者彭琳，北京大学毕业后赴港留学，任职多年，贴身体验国际金融中心枯荣动荡。
原文链接：http://finance.inewsweek.cn/20131030,73886,all.html。

/ 香港
/ 富豪

　　香港近年来基尼系数超过0.53，是全球贫富差距最严重的地区之一，地产作为支柱产业令大批开发商财产膨胀，穷人则连"棺材屋"都住不起。但是香港人口中骂着"地产霸权"，实际上却对那些地产富豪颇有一种偏爱之情，富豪们被市井百姓亲切地称为"诚哥""彤叔""四叔"，像是称呼自家亲戚，不但将他们视为明星、股神一样追捧，还听不得他人诋毁。

　　新鸿基地产郭氏兄弟去年卷入涉嫌贿赂案，但鲜有批评的声音。每次推新盘依然卖得满堂彩。读者或许不明白，香港人不是骂霸权吗？不是最恨官商勾结吗？

　　许多香港富豪不但在企业运作上眼光精准，在形象的经营方面也大有独到之处，饱受剥削的平民们就是"恨"不起来。

　　在笔者刚刚毕业进报社的菜鸟时代，被派去采访香港地产业招商团。很快就知道一直在翻看候机室的免费报纸的大叔，就是新鸿基地产前主席郭炳湘。候机大厅（不是贵宾室），方圆几米内安安静静地坐着好几位名声显赫的富豪。

　　这是我身为记者跟香港富豪第一次近距离接触。在后来的许多年里，我多次看着他们在众多保镖和无数相机镜头闪光灯的推拥中出场，诚恳谦虚地回答每个问题，即便接受媒体专访的时候，身边也极少有秘书或者公关陪同。

　　多数富豪都刻意淡化他们的财富。香港第三大上市地产商陈启宗在采访中多次提醒："不要说得好像我有钱。父亲几十年前就决定了，不给我们几兄弟钱，家族基金写明了不能分配给我们的，我也没有给我自己孩子留钱。"他更说起自己的儿子初到上海工作时相当清贫，要骑自行车上下班。

　　这当然跟事实有距离，不过听在大众耳朵里还是受用得很。许多老牌富豪都是白手起家打天下，被市民作为"狮子下山"奋斗精神的代表，而他们成功之后依然维持相对朴素的生活，更让大众感觉亲切。

　　香港地产富豪们尽力做慈善，尤其热衷捐助学校和医院。从幼稚园到大学，香港的年青一代自幼就在校名、教学楼名字中认识了各大富豪。2013年来，被最多港人"点赞"的大概是李兆基，他在政府征地困难的情况下，将自己旗下的地皮无偿捐出建设低价的住宅，帮助青年置业。

　　香港是富人的天堂，这话一点也不错。这里指的不仅仅是环境优美，生活优裕，更幸福的是舆论环境宽松，既不用掩盖财富，也不用刻意低调，不会被人指指点点，更不会被人猜忌诅咒。不过，前提是富豪们必须摆平心态，坦然地将自己视作平常人。

皇后的贞节，不容被怀疑

来源于爱思想网，原标题《法官的公正廉明不容被怀疑》。本文是林洋港出任中国台湾"司法院"院长第一年（1987年），在"司法官训练所"司法官第25期开训典礼上的致辞。

原文链接：http://www.aisixiang.com/data/71843.html。

/ 风范
/ 礼民

荣辱与共的团队精神，提高司法信誉。审判、检察、辩护之分，并没有轩轾之别。我国清朝以前知县、知府都兼司法工作，都挂有"明镜高悬"的牌子，"明"，探求真相、事实。三者的使命目标是一致的，发现真实，伸张正义。"分工而不分裂"、"对立而不对敌"。能够做到明镜高悬，司法的信誉就能提升。

养成公正廉明的法曹风范。做第一等的官，既清且明。莎士比亚作品里有一句话，说"皇后的贞节，不容被怀疑"。法官的公正廉明即使被怀疑都不准有，当然更不准许有这种事实存在。

要养成这种风范，来自外面的诱因，不为所动。再其次，战胜内魔。以为大权在握，存着这种骄傲的心理；再就是逢迎，迎合长官的心意；愚昧，在做学问方面就原地踏步；再来是懦弱，"我判缓刑，外面会认为我拿到好处，所以我不判缓刑"，有的该判无罪，也不敢判，徒增讼累，怨声四起；最后是疏懒，开庭问两三句话，还得下一次再来。

继续在学识上进修，尤其要通晓世事。不进修，碰到专利权、仿冒商标、智慧财产权被侵害的问题等，势必无法胜任。厚积社会历练。如果不了解这些活的学问，就不能算称职，万勿死记法条，鼓励各位要历练世事、通晓人情。

利民、便民，进一步更要礼民。缓刑问题刚才提过，希望各位多加运用此一宽典，鼓励自新。要礼貌，将发给当事人的信封、明信片，要把先生、女士都印上去。法院自己请来的证人应该特别客气，说一声谢谢，麻烦你出庭协助。

OPINION 观点

褚橙

来源于《东方早报》，作者迟宇宙，资深媒体人。
原文链接：http://www.dfdaily.com/html/8762/2014/1/28/1112340.shtml。

/ 褚橙
/ 精神力量

十几年后，当"褚橙"成为一种生活时尚，人们对褚时健重新充满敬意。

1999年，褚时健被判处无期徒刑。2002年，他保外就医，那年他74岁，女儿在狱中自缢身亡，儿子不知流落何方。

老人选择了哀牢山。他与老伴儿在那里承包了2000亩荒地，万科的王石到云南时顺道前往。眼前是一个面色黝黑但健康开朗的农民。王石感慨："橙子挂果要6年，他已经75岁了。如果我遇到他那样的挫折，我会想什么？"

十年后，"勇敢者游戏"玩家褚时健的冰糖橙风靡了中国。人们关注"烟王"到"橙王"的转变，"他让果农把每一棵果树剪得只剩260朵花左右，让一棵树的精华都集中在这260个左右的果子里"。

只有"南都案"喻华峰知道，真正值得褒奖的是什么。海明威《老人与海》中的圣地亚哥：

"一个人并不是生来要被打败的，你尽可以把他消灭掉，可就是打不败他。"

"要保持头脑清楚，要懂得怎么才能受苦也像个男子汉的样子。"

"每一回都是重新来过的一回，他做的时候绝不想从前做的成绩。"

一种顽强的希望和不灭的向心力与生命力，意味着我们告别了毫无选择的年代，当一种生命形态终结的时候，可以选择另一种生命形态重新崛起。那个将企业家的贡献与尸骨一同埋葬的年代真的一去不返了。

人们意识到，"褚橙"意味着纯净的内心世界、强大的精神力量，意味着人们在面对昏暗与残酷的时候，在不断跌倒甚至一无所有的时候，依旧可以充满希望地活下去。

好人不会受伤害

来源于腾讯·大家，作者谌洪果。
原文链接：http://dajia.qq.com/blog/387941114146832。

/ 苏格拉底
/ 受伤

苏格拉底对雅典的审判团说："该走的时候到了，我去死，你们去生。我们所做的哪个更好，谁也不知道，只有神知道。"

在那一刻，苏格拉底无比自信这一选择的正确性。克尔凯评价："一个人可以被世界历史证明是对的，但他仍然得不到他那个时代的认可。又因为他后来可以得到世界历史发展的认可，所以他又一定会获胜。"

苏格拉底以他的死亡，证明了一个命题。他说："我认为一个好人不可能受到一个坏人的伤害……他的关注也不会为神明所忽视。"苏格拉底的胜利，是好人的胜利。他见到过真光，却愿意回到人世的洞穴。

以飞蛾扑火的勇气，为这个如梦幻泡影的世界，提供了某种坚如磐石的支撑。

尼采与苏格拉底的相同在于，他们都是骄傲的好人。尼采是脆弱的。他发疯了，在大路上狂奔，突然看见车夫用鞭子疯狂抽打着一匹老马。尼采颤巍巍地走上前去，抱着马头，号啕大哭道："我的受苦受难的兄弟啊。"尼采受伤了吗？是的。但是，他作为好人所要捍卫的那种善与美本身，并不会因为被扭曲、被遮蔽而受伤。

特蕾莎修女说，要去爱，直到伤痕累累。她不居高临下地指责世界，而是陪伴有缺陷的人。

诗人布莱希特写道："最终柔软的水在运行中，战胜了强有力的岩石。"

好人的力量，如同光与盐一般的力量。在拥有永恒价值尊严的意义上，好人不会受伤；在超越苦难、超越仇恨的意义上，好人不会受伤；在充满对美好事物的盼望的意义上，好人不会受伤；在把伤害转化为抚慰的意义上，好人也不会受伤。

OPINION 观点

逃避权利是女人最大的自我陷阱

来源于《时尚巴黎》杂志，作者刘瑜，清华大学人文社会科学学院政治学系副教授，作家，诗人。
原文链接：http://www.douban.com/group/topic/49510502/。

/ 人权
/ 本性

有个朋友问我："你是女权主义者吗？"我想了想说："我想不出什么理由一个主张人权的人会不是女权主义者。"

最近爱丽丝·门罗的一个访谈，标题直接就是"我不是女权主义者"。

难道她们不主张女孩和男孩一样有受教育的权利？难道她们不主张女大学生不应该在找工作时受到歧视？难道她们不同意女性在生育权方面的自主权？她们在什么意义上"不是女权主义者"呢？

定义是一种绑架。人们总是恐惧自己在被定义的过程中被遗漏掉一些至关重要的东西。在一个公正的世界里，所有对权利的运用都意味着对能力的一种召唤、对意志的一种邀请。怎么办？我来到这个世界上，原本只想坐在哈根达斯里吃吃冰淇淋的呀。

所以从这个角度来说，女性对女权主义的反感又再正常不过。它企图重新规范女性和自己的关系——那个被动等待的自己与那个主动行动的自己的关系。"上帝死了"意味着每个人都要捡起自己的碎片，在自由的荒原上组装一个"自我"，女人们本以为自己可以藏在性别的山坳里躲避现代化的风暴——毕竟，上帝是死了，男人还没死！

有朋友曾问我："怎样让年轻女孩放弃依靠男人得到一切的想法、意识到独立发展的重要性？"我抓耳挠腮：好像没有什么办法，除了被命运反复羞辱。

"那么你是怎么说服自己的？"奇怪，我好像从未努力去说服自己。有的女人真的能够享受做数学题的乐趣、做PPT的乐趣、了解时政的乐趣以及读书求知的乐趣。我宁可相信，懒惰是人的一种本性，但是战胜本性是人的另一种本性。

死磕律师的道德滑铁卢

来源于律政观察，作者范否。
原文链接：http://www.aiweibang.com/yuedu/361824.html。

/ 律师
/ 公信力

3月23日下午4点04分，死磕派律师代表人物迟凤生发了一条瞬间点燃舆论的微博："'这是法庭，不是讲法律的地方！'——这话是2014年3月21日下午在长沙市开福区法院319法庭，在审理彭琼谊被控非法拘禁案时开福区王亚军检察官说的。我在现场！"

长沙市开福区检察院贴出原话作为回应。开福法院公开了视频片段。王亚军的真实意思是："我不想在这里宣传法律条文，我们是要查明事实、核实证据。"

从技术角度得出结论：这是死磕派律师"死磕"史上的最大败笔，"说谎者"的标签将永远贴在他们的额头之上，无论他们如何将自己与事实正义、实体正义捆绑，在手段正义、程序正义上的这一污点，将让他们在道德山头上偃旗息鼓。而迟凤生则成了她所属那个群体的"高级黑"。

迟律此役，她依旧发微博说"6分钟的录像并不能说明什么，坚决要求公布全部录像"，她并没有意识到，或许她不顾自己名声甚至赢了官司，但死磕派律师的公信力就此土崩瓦解。人们会下一个结论："这班人果然不是好东西！"

人们对他们的一些做法嗤之以鼻，但同样为他们推动公正审判而叫好，认可他们是在纯粹地追求结果正义，而只在手段上打了"擦边球"。

这种矛盾的评价，容许死磕派律师在争议中前行。但当"撒谎"出现的时候，靠结果正义建立起来的公信力显得不堪一击。这正是"作恶者可以轻而易举地作恶，为善者却要谨小慎微严守规则"。

对于先天不足的死磕派律师，一根"撒谎"的稻草足以让天平由包容倾向憎恶。

OPINION 观点

从律师死磕现象看庭审的有效交流

来源于法律读库，作者周恺，天津市高级法院法官。
原文链接：http://www.aiweibang.com/yuedu/qita/371327.html。

/ 律师
/ 庭审

"我有两个女儿，她们同样聪明和优秀，我从没有想过在她们中间作出取舍。"

当记者向奥巴马提问：美国最好的朋友是法国还是英国时，他这样回答。

黄埔的检察官要是这么会说话，也不会让迟大律师抓着把柄。他想要表达的意思可能是"法庭不是课堂，不要讲课（说成了讲法律）"。

迟大律师也是不厚道，不该这么演绎。但律师为什么不厚道？有怨气，才会出此下策，抓住几个模糊的用词做起文章来。

我看过这几分钟的庭审录像后认为，得不到有效的交流，才会这样。他们的意见没有得到正面的回应。

争执的起因是出证的两名警察在证言上一起签了名。迟律师提出，证人应当单独作证，不能写一份证言两个人一起签名。这时候，法官应该让检察官说一下为什么。然后法官再问一下律师：说这样出证言不可以的法律依据是什么？估计律师也拿不出什么有力的依据，这事也就压下去了，但法官却放任了"互殴"。

我们一向崇尚"控辩式"庭审模式，但不等于法官当"木头"。法官必须要及时地调整庭审的航向。录像中的这位法官，不敢有所作为。看看庭审录像：旁听群众都管不住。律师激昂地说了一通，法官面无表情，检察官答非所问，这样的无效交流怎么能够不让人"闹庭"、"死磕"呢？

我办案二十年，经常训斥律师。但从来没人反映我态度不好用词有问题，因为我时刻抓住实质问题，营造了讲理的气氛。法官有权力及时地决断、打碎妄想。如果你让庭审变成无效交流的场所，律师就有权利死磕。

听贾樟柯讲"罪恶的触发"

来源于长江网,作者鄢烈山。
原文链接:http://wenhua.cjn.cn/rd/201403/t2446516.htm。

/ 检察官
/ 定罪
/ 法院

    贾樟柯是我喜爱的当代导演。在10年前取材于《小武》里警察拴小偷于电线杆,和《站台》里警察查房的羞辱导致一对恋人分手,发表过一篇《贾樟柯论人权》;《三峡好人》中那个为可以一天挣50元乐滋滋地去做强拆帮凶的农民工,更是我在杂文中多次引用的细节。

    天注定,让我3月上旬的台湾自由行,碰上了贾樟柯的新作《天注定》在台北举行首映式。《天注定》最早上映在戛纳电影节。奥利维耶·阿萨亚斯说,"《天注定》令人赞叹,影片让我大受触动。我也经常在街头遇到类似的突发暴力事件,更常见的是在台湾(电影中)。突然爆发根本没有时间让你去思考原因"。

    虽然是毫无头绪,其实"爆发"者的行为逻辑和心路历程是有迹可寻的。小玉杀人与小辉自杀,固然都有充分的情绪积累和情节铺垫。

    《天注定》取材于真实的新闻事件。前三段原型分别为山西胡文海事件、重庆周克华事件、湖北邓玉娇事件;小辉跳楼的故事虽然没有人物原型,却也是多起富士康跳楼事件的艺术再现。

    说是"性格决定命运","天注定"也好,"罪恶的触发"也好,都是人物个体的秉赋性格与社会群体的文化性格一起在起作用。"罪恶的触发"是由于社会环境中罪恶因子的积累,就像雾霾的形成与土壤的重金属污染一样,非一日之功。

OPINION 观点

法律电影题材大观

来源于《检察日报》，作者张建伟。
原文链接：http://www.aiweibang.com/yuedu/1475539.html。

/ 法律
/ 电影
/ 诉讼制度

　　法律影片有其鲜明特色，通常重在获得证据，用证据复原案件事实，依据法律而不是暴力来体现罪与罚的因果。

　　欧美法律电影很多，许多还是经典之作，如格利高里·派克主演的《杀死一只知更鸟》。美国的《影像中的正义》一书，一口气罗列了几十部法律电影，对影片的分类有点特别，包括真实故事再现、军事审判、诉讼搞笑、英雄律师与委托人、不要和委托人太亲热、间接证据、非常法官与陪审员、金钱与理智。

　　法律题材影片，承载的不仅仅是法律。这些影片将一个国家或者地区，特定时期的司法文化形象刻画出来并保留下来，形成活动的法律文化的影像历史。

　　从数量上看，我国法律题材影片有了一定规模，不过，法庭影片却很罕见。这大概与我国庭审方式缺乏对抗性因而缺乏悬念有关。

　　比较而言，英美对抗制诉讼制度能够提供、滋养较为精彩的法庭影片，其陪审团审判颇具悬念。法治精神深入人心，诉讼权利意识十分强固，再加上曲折跌宕的法庭故事，这类影片才会有打动人心的力量。另外，电影创作的自由度高也是法庭电影发达的原因。

　　较为罕见的法庭影片之一的《东京审判》，法庭攻防显得特别单薄，与《纽伦堡审判》相比，《东京审判》也显得缺少思想。

　　我国类型电影中最为发达的是武侠电影，其次是由香港带动的警匪片。法律题材影片与之相比，数量自然逊色很多，更为不足的是，往往缺乏真正引人入胜的法律故事，更没有对现行司法制度弊端的揭示和分析，当代题材的法律影片又往往局限于农村的法律事件，那些可以拍成影片的丰富社会资源显然被闲置了。这类题材已触及现实，往往变得敏感，当年长春电影制片厂要拍摄《追捕"二王"》就被叫停，理由无非是该案件并不是一个成功案例。

恐惧伴随着亲密而生

来源于壹心理，作者张德芬。原标题《亲密关系当中的四种恐惧》。
原文链接：http://www.xinli001.com/info/5284/。

/ 亲密关系
/ 恐惧

亲密关系会激起我们各种被伤害、被忽视等内心的恐惧……

首先，就是被伤害的恐惧：被利用、被侵犯、被不尊重。其实，这些都是我们小时候的旧伤，伴侣只是负责把我们这些伤痛挑动起来而已。先尊重自己，面对旧伤，照顾自己的内在小孩，知道这些伤痛被挑起，是为了让我们学会生命中该学会的种种功课。也许你可以暂时逃避，也许你可以再换一个爱人，但是最终，如果你想要获得真正的快乐、自由，那么面对自己的人生课题是唯一的道路。

第二个亲密关系中的恐惧就是被抛弃、被忽视。如果你很怕，你真的不要找心性不稳定，或是条件过好的人。你需要扪心自问：我罩得住他/她吗？同时，如果你不吸收新知识，不让自己成长变化，那么彼此厌倦的机会就比较高。我们就是必须要成长、要成熟。如果一份爱情非常滋养我们的身心，我们怎么可能会有二心？

第三个亲密关系中的恐惧就是被湮没、找不到自己、失去自己。永远不能因为对方而迁就太多，失去自己的原来面貌。在亲密关系当中，为对方留空间和时间是必须的。这样，我们才可能在亲密关系的空间中，为对方制造惊喜，创造变化。

第四种亲密关系中的恐惧就是沉闷、无味。很多老夫老妻最后都会走上这条不归路。彼此把对方最好、最美的版本给培养出来，让他/她能够发挥最佳的潜能，充分表达自己。所以，永远不要因为责任或是为了取悦对方，而做自己不喜欢或不愿意做的事。否则你就会逐渐失去自己，婚姻就会进入死灰阶段了。

OPINION 观点

谁敢拿石头砸那淫妇

来源于腾讯·大家，作者谌洪果。
原文链接：http://dajia.qq.com/blog/229113036153414。

/ 正义
/ 罪

《约翰福音》第8章：一群律法师和法利赛人抓住了正在行淫的妇人，这位妇人应被石头砸死。然而，耶稣说："你们中间谁若没罪，就可以先拿石头打她。"人们一个个索然离开。

这个著名的宗教寓言成了刑事法律制度的重要神学渊源。伯尔曼在《法律与革命》中说，11~12世纪的欧洲，刽子手必须跪在被处死者面前，要求后者宽恕他将要做的事情。这样的效果是，由于人皆有罪，使得那些义愤在刑法的组成部分中，不再具有那么重要的作用。

"拷问正义的传统"坚信有永恒而绝对的公道，所以正义的审判永远是必要的和必须的；但这一传统又尤其承认人类残破傲慢的罪性，并提醒不要把正义的实现完全寄托于有限欠缺的人类身上。

黑泽明透过樵夫的口感叹说："谁都只会为自己自私自利的行为辩护。"加缪笔下的良心和善行最终因为没有更高的鉴察标准，而显得迷茫无根。

"你们谁若没罪，就可以拿石头砸她"，这是一个逼视人心的正义拷问。现代人为了减轻罪责，他们设计出日臻烦琐精致的司法程序。处死一个罪犯，成了许多人合作完成的结果，无须为远端的伦理后果负责。

如何找到新的救赎？除了恢复正义的拷问，打破人类自以为义的骄傲，别无他途。每一次的拷问与审视，也将使人变得审慎与节制。正义的审判从来不是那么理直气壮的，它会有危险，会有代价。宁愿挣扎，不要冷漠；宁去试错，不要一贯的正确。

你的宽恕，我的救赎

来源于《南方都市报》，南都记者周执采写。
原文链接：http://epaper.oeeee.com/A/html/2013-09/09/content_1930785.htm。

/ 宽恕
/ 救赎

2008年一个闷热的夏夜，一个脸上还带着几分稚气的男孩，抄起了手边的一把水果刀……被杀害的男孩小天本是陈晓最好的朋友。他们仅仅因为几句口角，悲剧毫无预兆地发生了。

陈晓的家乡在四川彭水一个偏远的山村，实在太拮据，就连坐火车到广州来旁听庭审的费用，也无能为力。

最终，经办的女法官给陈晓判了死缓。

2010年9月，海南省遭受了历史上罕见的洪涝灾害。陈晓二姐给对方寄去了1000元钱。2011年，二姐又对经办此案的检察官杨斌提起，想给小天家打电话，但是担心挨骂。杨斌突然意识到，自己或许才是帮助双方化解仇恨的最佳人选。

借着年假之机，检察官杨斌踏上了海南的红土地。杨斌表达了陈晓对小天一家人的歉意，他们从来没有向她提过经济上的任何困难和要求，只是默默承受着。杨斌决定，一定要帮帮他们。

要发起救助行动不免与钱打交道，杨斌有所顾虑。绿芽乡村发展基金会理事长是杨斌的微博粉丝，得知此事后果断地伸出了援手。他们发现在国内，刑事案件被害人不但赔偿执行率偏低，"空判"现象严重。被害人的父母"老无所养"、子女"幼无所育"，这些家庭毫无例外地支离破碎、难以为继。

2013年6月，绿芽基金会"天祥关爱计划"正式发起设立。受助家庭可以一次性获得3000元资助。特别困难的家庭个案，还会考虑开展专项募捐。值得一提的是，该计划的救助对象包括了刑事案中的被害方和被告方。7月，"天祥关爱计划"将第一笔资助金3万元交到了小天家。

OPINION 观点

法治是一种许诺,"走在斑马线上是安全的"

来源于《法治周末》,作者田飞龙,原标题《法理容情:法治细节的探寻》。
原文链接:http://news.hexun.com/2013-09-24/158283425.html。

/ 法治
/ 批判
/ 宽容

  费孝通早在《乡土中国》中就曾感慨乡下人进城后因不熟悉城市生活规则而遭呵斥的现象,然而"斑马线上的中国"表明,市民、白领、各种特权车辆和社会车辆,都有着不堪的闯红灯经历,都受着实用理性下的社会习惯的支配。

  邓子滨教授的《斑马线上的中国》篇篇凝聚于中国法治的"斑马线故事"。这些故事告诉我们:法治成熟需要理性的规则体系,但更需要支撑这些规则的社会情理系统。

  作者富有强烈的批判性反思精神,体现在他对"技术入法"的审慎态度之上。作者认为,测谎是针对精神的刑讯逼供。从原理上讲,测谎仪具有一定的科学基础与技术可行性。如果普遍运用,则保护犯罪嫌疑人的传统制度将显多余:比如沉默权、无罪推定、辩护权、证据规则等。但问题是,这一技术真的无懈可击吗?

  作者提示人们注意,测谎仪之类的精神分析技术存在滥用风险。"每一项这样的技术都导致对隐秘和意志自由的侵犯,都磨蚀了人的尊严"。

  "给脆弱人性一个避风港",作者早在2007年就敏感察觉到了网络空间行动自由的问题。他认为网络社会不同于实体社会,不能以后者的规则体系生硬地对前者进行渗透和控制,只要这些行为并未造成严重的社会危害,就应该以宽容态度对待。

  涉及绑架罪从轻条款的分析同样如此。给绑匪一个台阶,法律不能以刚性的打击犯罪意图逼迫绑匪只能走"撕票"一条路。

不该拿的钱不要拿

来源于博客，作者柴会群，《南方周末》资深记者。
原文链接：http://blog.sina.com.cn/s/blog_49b3cb2c0101nzek.html。

/ 道德潜规则
/ 道德
/ 法律

短短几天，《新快报》记者陈永洲案戏剧性逆转。一起由"记者因舆论监督遭受司法迫害"迅速变成"受人指使拿人钱财发表不实报道"的丑闻，变成了全民讨伐的目标。

由于承认收取了疑似三一重工公司的50万元，作为发表文章打压对手中联重科的酬劳，陈永洲和《新快报》在道德上和法律上双重破产。

有同行讲：拿人钱做正面（报道）是不要脸，拿人钱做负面是不要命。记者，在几方博弈中可能成为最大输家。

陈永洲说文章发表后收到中联重科停牌的"效果"时，他很不安，"生怕捅什么娄子"。但他仍彻底沦为企业的打手。50万元大概是一个普通记者5年收入的总和。他应再无做记者的机会了。

如果没有报社高层的支持，陈永洲不可能在半年内针对一个企业发表十余篇批评文章。不过，《新快报》声明中提及报社的责任是"审核把关不严"。然而也唯其如此，才更平添了事情的悲剧色彩。

《瞭望东方周刊》刘伊曼说，她参加一个新闻发布会，在其他同行"你装逼"的鄙视眼神中，谢绝了主办方给的"车马费"（本月第四次）。

外媒记者对中国记者拿红包现象深感诧异，认为这是新闻人的耻辱。

拿红包现象早成为中国媒体行业的潜规则。作为一名证券条线记者，陈永洲的沉沦，是否也是从收红包开始？新闻发布会上收红包，离"拿人钱财、替人消灾"式的负面报道究竟有多远？

江湖险恶，不管别人怎么样，不该拿的钱不要拿。因为万一出事，说实话，谁都救不了你。

OPINION 观点

不要把大江大河截成一个个水池子

来源于共识网共识在线第37期，主持人向昇，共识网编辑。
原文链接：http://www.21ccom.net/articles/zgyj/gmht/article_2013112896083.html。

/ 公益
/ 成本
/ 环境保护

　　汪永晨，1988年制作了《救救香山的红叶》、《还昆明湖一池清水》，从媒体跨界环保，她还是保卫母亲河公益行动发起人。

　　就整个中国而言，大江大河作为一个整体系统已经遭到了非常大的破坏。例如长江，养育了4亿中国人，还有很多特有的鱼类，鳍豚、江豚、胭脂鱼、四大家鱼之一青草鲢鳙，但这些独特的自然环境被人为破坏了。

　　"江河十年行"的第八年，雅安发生地震了。专家痛心地说："这周围有100多个大坝。"汶川、什邡就在龙门山地震断裂带上，这样的地方建了10座100多米高的大坝，把大江截成了一个一个的水池子。

　　八百里洞庭湖干了不止一半，鄱阳湖一到冬天都成草原了。

　　犯罪成本太低，很多企业都有污水处理的装置，如果装置一天的运转费是1万元，你罚他200元，他不进行污水处理。应该通过各种渠道把问题反映出来。人还是需要较较真，而不是忍着。要认识自然，感恩自然。澜沧江源的藏民在河里打水时，第一瓢水要敬天，第二瓢水敬地，第三瓢水敬所有的生灵，第四瓢水才打到自己的桶里。

　　感恩自然。先从自己开始，去影响决策。三中全会提到生态保护制度化，现在还缺乏这一体制。河流是公共资源，属于居住在河流两岸的老百姓。可是现在水电公司一截，就成他们家的了，就成了五大能源集团的了。

　　2008年起施行的《信息公开条例》，很多污染企业还打着保密的牌子。建的那些大坝，也说公示，放在他们自己的网站上，几天就撤。需要不停地去呼吁，应该让更多人看到。

常识的力量，司法的力量

来源于微信法律读库，作者胡健，港大普通法硕士。
原文链接：http://chuansongme.com/n/604234。

/ 司法公信力
/ 司法群体
/ 常识

香港高等法院汤宝臣法官问起我们学习普通法最大的感受是什么？我的答案是"常识"（common sense）二字。汤法官颔首微笑，深以为然。

在侵权法中，判定一个人是否存在过失从而要承担侵权责任，关键就是看这个人是否"take reasonable care as a common person"。法官作判断的标准只有一个，就是"common sense"，即建立在日常生活经验基础之上的，对人的行为预测和利益衡量。

在刑事诉讼程序中，如果是高等法院受理的刑事案件，当事人有权要求组成陪审团。陪审员来自社会的普罗大众，他们的任务也就是根据"common sense"（常识）来判断。

法官运作的是缜密细致的判例，背后的支撑确是千百年来习以为常的"常识"。怪不得霍姆斯大法官要说，法律的生命不在于逻辑，而在于经验。但是，没有对世事人情的深刻体验和细致观察，没有自治的司法群体和良好的职业操守以及作为基石的司法公信力，法官又怎么能得心应手地运用手中的自由裁量权，辨别事实，运用判例，赋予"例外"，寻求个案的公平和正义？普通的民众又如何会信服于由法官认定的"常识"所作出的判决？如此说来，"常识"的背后还有深厚的文化心理根源和道德信任基础。但反过来说，建立在"常识"基础上的法律制度，才会增强民众的接受程度。

想想常识，就会茅塞顿开。比如说，政府和普通公民一样有道德底线，不撒谎、不欺骗、说实话等对幼儿园小朋友的要求，要能做得到，否则就违背了"常识"。执法不能"钓鱼"，事故不能瞒报，这都是"常识"的基本要求吧。

OPINION 观点

司法的基本原理

来源于微信平台水仙谷，作者周恺，天津市高级法院法官。本文系司法基本原理的系列原创文章。
原文链接：http://www.shuixiangu.com/article-254838-1.html。

/ 司法独立
/ 法学理论
/ 实践

1961年，美国总统肯尼迪宣布了阿波罗计划。准备在10年内将人类送上月球。经过8年的努力，美国人终于在1969年成功地登上了月球。

1971年，另一位美国总统尼克松宣布，美国将开始征服癌症的计划，还通过了《国家癌症法》。然而40年过去了，癌症依然没有被征服，与40年前相比，可以说毫无变化。

为什么前者成功了，后者却失败了呢？因为阿波罗计划宣布时，人类对航天技术的基本原理已经非常了解，只需对细节作突破；而尼克松宣布癌症计划时，人类却连癌症的发病机理都一无所知。

司法独立虽然极为重要，但它肯定不是司法的全部。否则我们多年前，只需让转业军人充斥的法院独立不就可以了吗？

世界上没有一个公正的司法不是独立的，但确实有独立却并不公正的司法。如大革命之前的法国，法官极为独立，但他们本身却腐化堕落，判决常为国人诟病。法国至今仍是对司法极不信任的国家。

司法的基本原理并不高深。远远比不了法学理论。但却需要理论与实践的结合。人的生命有限，职业生涯的最初十年如果从事了法官，一心办案，会谙熟审判，但也就成了办案匠，没有机会成为有高深的理论修养的学者了；反之，如果安心追求学术，也就没有机会熟悉审判业务了。这构成了对司法基本原理认识的主要障碍。结果，学者们往往说着脱离实际的理论，规划未来的司法，指责当下的司法；法官们或者盲目听信，或者嗤之以鼻却无力反击。当然，对于那些祖先的血液里就留着法律基因的国家来说，并不存在这样的问题。可惜，我们中国不是。

习法是一种修行

来源于法律读库，作者李学永。
原文链接：http://www.aiweibang.com/yuedu/qita/254993.html。

/ 习法
/ 修行
/ 法治

　　最新的统计数字显示，中国有634所法学院系，在校生30多万人，与美国的贫民子弟通过研习法律从事法律职业而跃升为中产阶层一样，中国的法科学生也通过司考和公考打开了人生的上升通道。

　　但习法并不仅仅是技能，而是一种自我修行，一种人生修行。

　　法学的核心价值是求善。苏格兰人克里斯托弗·诺斯说，"法律制定出来就是用于被人违反的"，虽是戏言但也说明法律主要是一种被动触发的规则体系。但法律不会自动站出来，如若没有人挺身而出替它说话，法律就什么也不是。

　　许多习法者选择了沉默和袖手旁观。倒是一些来自社会底层的民众，坚持朴素的"讨说法"。习法者不能一直搭乘普通民众的便车而无所作为，宗教中的佛法要有护法之神，而世俗中的法律也要有护法之人。

　　法学具有极强的人文价值，也要讲求内心的体验和领悟，使得道德法则与外在的灿烂星空一样永恒，令人敬畏和赞叹。

　　修行不免要以"苦行"作为手段，空乏其身以超脱自我，获得心灵的自由和践行法治精神的强大力量。

　　法治之精神更应成为公众的生活常理和习俗的组成部分。"莫道儒冠误，诗书不负人，达而相天下，穷则善其身"，中国传统的读书人总是从家国一体出发把个人与国家一起捆绑打包。老话说"公门里面好修行"，坚守信仰和良知，积累和壮大"体制内健康力量"，这种健康力量能够以较小的社会转型成本，推动法治进步。

OPINION 观点

司法的基本原理之判决书写作

来源于法律读库，作者周恺。
原文链接：http://www.aiweibang.com/yuedu/qita/261201.html。

/ 司法
/ 法官
/ 公正

形式主义是司法的主要敌人。

理化为意。写作判决书，是从法律适用进入了文字表达。

落实"增强裁判文书的说理性"的要求，最根本的一条就是要让法官充分表达内心的意思。只有借着表意，理才能源源不断地涌流出来，才能够有说理性可言。将这些意思表达出来，公正之心所生产的理也就自然地显现出来了。

然而，很多人似乎还都不习惯让法官来表意。无论是法官自身，还是其他人。如果不让法官表意，每一个案件中法律适用的具体道理从哪里来？

那么，形式主义的司法理念又怎么看待判决书写作呢？它注重基本要素——"格式"。注重应该怎样排列。认为只要做到了格式的要求，公正就自然会产生，说理性就自然存在。

判决书中的格式也很重要。但形式主义将它变成了"心"与"意"的枷锁，产生了一个非常普遍的现象"堆砌"。实质的内容，也就是法官的内心意思却越来越少。

它有一个秘诀：抄案卷。你只要尽情地将案卷中的内容往判决书中堆砌，就会轻易获得一份几十页、上百页的判决书，产生一种审理细致、公正的假象，判决书受到好评。而这其中极端的例子，台北地方法院2009年审判陈水扁案的一审判决书长达1400多页，上百万字。全部判决书要靠小推车来搬运。

所以，台湾判决书不要学。美国、我国香港、中国古代直至清末民初的判决书还都是很好的。

格式也是"意"，它是国家之意。为了规范司法而事先规定判决书要写什么、怎么写。国家规定格式是为了规范公正之心，不是替代公正之心。

司法的基本原理之法官的思维

来源于法律读库,作者周恺。
原文链接:http://www.aiweibang.com/yuedu/271426.html。

/ 司法
/ 法官

有关司法思维、法律思维或者审判思维的论述很多,其中最流行的恐怕就是"分步法"了,看起来似乎很完美。

哪吒闹海惹恼了东海龙王,他让李靖逼死了哪吒。太乙真人找了几个莲藕,又找了几片荷叶,摆成人形,然后用手中的拂尘轻轻一扫,新的哪吒便又横空出世了!

是什么让哪吒复活了?摆成人形的莲藕荷叶还是太乙真人的那拂尘一扫?

当然是那拂尘一扫!那些莲藕荷叶不过是仙术的载体。"分步法"所提出来的那些步骤是莲藕荷叶,在思维的过程中都可能出现,但真的不重要。

形式主义所倚靠的就是那些"莲藕荷叶"。认为法官的思维是可以外化为几个有形的要件,然后计算出判决来。他们忘了那"拂尘一扫"。

法官思维的灵魂是预判与修正。

任何法官办案都会根据一定的材料在心中预先假设出案件可能的前景,这是"预判";然后再对预判进行检验,用证据去修改或验证。循环往复,使得最终的判决结果逐渐清晰起来。

高水平的法官就是预判的水平高,修正的水平也高,办案自然又快又好。预判是一幅判决的图景,修正是用证据或情理去检验这幅图景。当你的证据证明了预判时,你就可以点亮这幅图景中相关的一大片区域。

我们不要僵化地认为判决书中的每个字、每句话都要有一个单独的证据来证明。如果这样,就会合理的话不敢说,明显的事不敢认定。这样办案子就不是"一片一片"地点亮案件,而是"一点一点",与生活脱节,显得僵化教条,不合情理,而且无法处理复杂案件。

OPINION 观点

将公款挥霍浪费入罪

来源于《检察日报》，作者张玉林、李洁英，分别为陕西省榆林市榆阳区人民检察院检察长、干部，原标题《有必要将公款挥霍浪费行为入罪》。
原文链接：http://newspaper.jcrb.com/html/2014-03/05/content_153646.htm。

/ 公款挥霍
/ 贪污
/ 受贿

　　公款挥霍浪费入罪，国外不乏先例。前联邦德国和日本等国家的刑法均作出相应规定。我国早在两千多年前的夏、商、周时期就有了公款挥霍浪费入罪的记录，把官吏终日饮酒歌舞于宫室中，不认真办理政事称为巫风。把公款挥霍浪费称为"放散官物"予以治罪。1933年中华苏维埃规定，凡工作人员玩忽职守而浪费公款，处以警告、撤销职务以至1个月以上3年以下监禁。

　　《宪法》第14条明确规定"国家厉行节约，反对浪费"，其为刑法设立挥霍浪费罪提供了依据。刑法的保护功能中，将公款挥霍浪费行为犯罪化是实现刑法任务的要求，符合刑法精神和国家利益。

　　公款挥霍浪费行为侵犯的是复杂客体：一是国家机关的管理秩序；二是国家所有或劳动集体所有的财产所有权，它不仅损害国家机关廉政形象，也直接造成公共财物损失。可以考虑将该行为构成的罪名确定为"挥霍浪费罪"，将它放在《刑法》第八章中，排在私分国有资产罪和私分罚没财物罪的后面，作为《刑法》第397条。

　　因挥霍浪费罪与贪污罪、受贿罪相比社会潜在危害性相对较小，公共财产具有可追回性，法定刑区间应适当调低，不建议设置无期徒刑和死刑。情节严重的从重处罚。挥霍浪费行为恶劣，社会影响极坏，后果严重。

深圳法官职业化改革：必须"触及灵魂"

来源于《中国青年报》，作者傅达林。原标题《重塑法官的职业荣誉——聚焦深圳法官职业化改革（上）》。
原文链接：http://zqb.cyol.com/html/2014-03/19/nw.D110000zgqnb_20140319_1-02.htm。

/ 法官
/ 审判权
/ 行政化

重塑法官的职业荣誉

人们对司法正义的需求日益增长，但法官群体实际的生活境况，难以满足这种需求。大面积的法官流失，很大程度是因为没有实现法官职业化而使其成为刀尖上的"舞者"，法官被当作普通公务员予以行政化管理。法官独立性萎缩、职业认同感流失，唯一的改革出路就在于实施分类管理，给予体面的物质保障、必要的政治荣誉以及稳定可期待的晋升空间。深圳的改革方案意味着，法官的职业荣誉感和归属感有望得到提升。

让法官心无旁骛地审案

无论是外部体制还是内部体制，弊病的共同症结就是禁锢了审判意志的自主，司法的人格难以独立。内部管理体制的去行政化不仅直接影响司法的品质，而且不太涉及权力配置，无须动大的"手术"便可能获得良好的改革效应。去行政化的关键是实现"法官独立"。深圳的改革方案规定，不同等级之间的法官没有行政隶属关系，各法官依法独立行使审判权，不失为突破当前法官意志受行政化羁绊的关键。

破除司法行政化的藩篱

上下级法院之间的行政化体系，向来是制约法院独立的一大弊病。如果不能厘清上下级法院之间的权责关系，依然会形成"上级法院的法官高于下级法院的法官"的现象。形成了向上级法院层层请示、汇报的惯例，二审终审制度形同虚设。最高人民法院有关人士也认为，案件请示的做法是司法行政化的主要表现之一，它变相剥夺了当事人的上诉权，使二审制沦为形式。

OPINION 观点

法律与智慧

来源于法学家茶座，作者朱伟一，中国证券监督管理委员会研究中心研究员。
原文链接：http://www.civillaw.com.cn/article/default.asp?id=61402。

/ 道德
/ 法律

在中国封建宗法社会里，德高望重的老族长会下令将两个道德败坏的人沉潭，或是乱石砸死，但绝不是真正意义上的法治。

按西方"文艺复兴"后的观点，正义之上还应该有智慧。即便他们罪该万死，似乎还是有不妥之处。哪里不妥？前面那位老族长自己适才刚欢天喜地将一位通房丫头收为偏房。

许多时候，问题要靠智慧来解决。所谓"事无两样人心别"。法律是界定问题的游戏。提什么样的问题，经常也就决定了有什么答案。性骚扰可以被说成是性意识问题。讲黄段子是资产阶级没落文化的表现，但这样定性有问题，因为一些没有钱的人也喜欢讲黄段子。

这时候你真是觉得法治的无望，觉得文明的无望。怎么办呢？一位朋友说得好，闭一闭眼就过去了。真是智慧。但"他日若遂凌云志，敢笑黄巢不丈夫"。所以，还是应该借重法律，化解各种矛盾，有小乱但无大乱。

谁能找到在法律之上的智慧呢？老族长是所有问题一人扛。现代文明社会中，这个任务则由法官这个群体来完成。智叟也有犯混的时候。1857年，美国最高法院便以判例肯定了奴隶制的合法性。既然如此，智慧从哪里来？好在美国法官有自知之明，自己立下条规矩：持不同意见的法官可保留自己的意见，并写入判决意见书中，昭示天下。

主张办"奥运"可以是爱国，不主张办"奥运"也可以是爱国。主张省下这笔钱，也同样可以是爱国。果能有这样的法律和法治，我们虽愚必明，虽弱必强，虽穷必富。

为什么解释

来源于《浙江社会科学》2014年第4期，作者刘连泰。
原文链接：http://www.calaw.cn/article/default.asp?id=9740。

/ 法律解释
/ 法律
/ 规则

许多人生出"活在别处"的沧桑与无奈。对于法律，我们何尝不如是？

连波斯纳也不得不承认，常规案件的解决依然仰赖于法条主义。越要能动司法，反而越要法律解释。离开法律解释，完备的法律体系一定是离地的安泰，万钧神力只能泥牛入海。道德考量之类的，也只能在法律的框架内进行。

以解释为使命的法律才是平民的法律；让法律承载我们全部的道德理想，无异于将法律"宗教化"；法律作为地方性知识，并非全部都要和国际接轨。说法律不能解决眼前的问题，可能仅仅是因为我们缺少解释法律的耐心。拿破仑怅然若失："我的民法典已经逝去。"其实，拿破仑的民法典没有逝去，只是因解释而重生。

法律解释秉持了人类最谦卑的生活智慧，饱含了对未出场的人民的敬畏。解释者不生造"构造某法体系"的神话，也不发出"某法之反思与重构"的呓语。由"法匠"而法学家，是这个"速成"时代不堪忍耐的人生苦旅。

法律是我们念兹在兹的生活方式本身。"水尽鱼飞"说的是生死相依，用于表述法学研究的进路与困境。鱼只有爱水，才能救赎自己。法律人要避免"水尽鱼飞"的窘局，法律人只能爱法律，然后解释规则中的律令。这既是态度，也是生计。表达法律人对法治的忠贞，经由解释，回答"中国法学将向何处去"。

Discuss 讨论

Discuss 讨论

司法改革的长远之计和当务之急

来源于《湖北日报》，记者艾丹、李思辉、陈星。
原文链接：http://mp.weixin.qq.com/s?__biz=MjM5MDIyMTc2MA==&mid=201414519&idx=3&sn=4b1c825540a6b633d9cbdc3fdfb089e1&scene=1&from=singlemessage&isappinstalled=0#rd。

司法体制改革箭在弦上

记者：在一次讨论课上您提出过这样一个问题："美国的电视剧总是将警察、检察官与法官描写得很黑暗，但公众还是信任法官，其司法依然具有权威性和公信力；中国的电视剧总是将警察、检察官与法官描写得很伟大，但一些公众还是不信任法官，司法依然缺乏权威性和公信力。这是为什么？"我们想听听您的解答。

张明楷：从目前来看，我国司法方面累积的问题较多，司法腐败、司法不公正、司法无权威等现象比较明显。毫无疑问，司法体制已经到了非改不可的地步，体制改革是使司法走上正轨的必由之路。

党的十八大报告明确提出："进一步深化司法体制改革，坚持和完善中国特色社会主义司法体制，确保审判机关、检察机关依法独立公正行使审判权、检察权。"十八届三中全会审议通过《中共中央关于全面深化改革若干重大问题的决定》（以下简称《决定》），提出"推进法治中国建设"，其中包括"维护宪法法律权威"、"深化行政执法体制改革"、"确保依法独立公正行使审判权检察权"、"健全司法权力运行机制"、"完善人权司法保障制度"等内容。这些改革内容让人看到了中国司法的希望，看到了国家司法改革的决心。

这样的改革目标可谓长远之计，不可能短期内一蹴而就，实现需要很长的时间。我们在改革中必须充分考虑到各项改革措施的难度，还有可能导致的负面效应。尽管面临很多困难，但是许多司法问题已经不能一拖再拖，否则，司法体制改革的成本将会更大，司法体制改革的难度也会更大。

全方位的改革是司法改革成功的保障

记者：您刚提到这个改革的过程可能需要很长时间，那当下司法改革中的难点在哪儿？

张明楷：在当下司法环境中，我国各项制度，如就业制度、户籍制度、教育制度等都直接或间接制约司法改革，如果不是全方位的改革，司法改革的成效也是微弱的。例如保证审判独立、加强司法人员的管理、保障司法权力的运行等，都跟国家和地方的各种制度挂钩。我认为，司法改革要找到突破口，要准备周全的应对措施，进行

/ 十八届三中全会
/ 司法改革
/ 司法体制

全方位的改革。只有这样，才能保障司法改革的顺利进行。

在司法体制改革的过程中，既要找到导致司法腐败、司法不公正、司法无权威等现象的深刻根源，也要找出这些现象的直接原因；既要充分考虑到《决定》规定的各项改革措施的难度以及可能导致的负面效应，也要周全设计出各项应对措施；既要明确长远之计是什么，也要知道当务之急是什么。在当下，治本固然重要，但是如果没有强有力的治标措施，治本就会步履维艰。

干预司法要承担责任、受到处罚

记者：在您看来，当务之急该怎么做呢？

张明楷：在当下，就刑事司法而言，最紧迫的改革任务是要针对党政官员干预、罚没收入返还、考核指标泛滥、司法能力低下等问题采取强有力的治理措施。

首先，必须使干预司法的人员承担责任、受到处罚。如果滥用职权干预司法的人员不会承担任何责任，不能受到处罚，那么，他们对司法的干预会越发频繁、越发严重。事实表明，有些错案就是由领导拍板造成的，但是，很少有领导因此受到处罚。换言之，事实上他们是裁判者、决定者，但他们不负任何责任，而是让其他人成为替罪羊，这当然违背常理。

其次，我国法官、检察官的任职标准的确有待提高。不得不承认的是，我国不少法官、检察官的法律适用能力相当低，乃至没有学过法律的网民就可以凭借自己朴素的正义感挑战法官的判决。众所周知，国外法官、检察官的招录标准都很高，日本前些年的司法考试的通过率只有1%，而且通过的人平均考了5年。如何提高我国现有法官、检察官的法律适用能力，如何对司法考试进行一定的改革，可否像国外那样对通过司法考试的人实行统一的司法研修，都需要深入研究，并采取切实有效的措施。

让大家安心做一名法官、检察官

记者：我国司法体制改革已经在一些试点省市动起来了，湖北黄石、咸宁等地作为试点，开始了司法机关去行政化，走职业化道路的探索。对此，您怎么看？

Discuss 讨论

张明楷：司法人员职业化是必然趋势。一方面要知道，法官、检察官所从事的是专业性很强的事业，不是任何人凭感觉就能做的事情。法官、检察官的职业与医生的职业有相似之处。医生怎么治疗病人，只能是专家会诊出治疗方案。司法也是如此。我们现在对司法实行的是行政化管理，法官、检察官都跟行政级别挂钩，一个人一旦成为优秀的法官、检察官，就立即提升成为官员，而不直接办案。这就如同在高校中，不让优秀教师上讲台、做科研，而是让他去做行政管理。这样的做法明显得不偿失。

我觉得，法院、检察院应该就像大学一样，法官、检察官类似于教授。大学要让一些人安心做教授、副教授，现在大学的很多人也乐意当教授、副教授，而不追求行政职务。法院、检察院也应该这样，要让大家安心做一名法官、检察官。这样的前提，当然是法官、检察官的各种待遇至少不能低于行政管理人员，甚至应当高于行政管理人员。事实上，其他国家都是这样的，只是我们国家的"官本位"造成了现在的局面。

职业化不仅意味着法律适用具有很强的技术性，而且意味着法官、检察官只服从法律。不要以为，只服从法律的判决只有法律效果没有社会效果。此外，对社会效果的追求不能突破法律的规定。我们还应当意识到，即使按照法律规定作出判决，看上去可能有"不太好"的具体效果，但我们会发现，它会有另外一个很好的效果，那就是让所有人都知道我们只能依法办事，任何人都没有超越法律的特权。如果法律确实存在缺陷，那么我们只能去修改法律。从这个意义上讲，强调法律的权威性，实际上具有非常好的社会效果。只有通过法律的制定与适用，让每个人都知道什么事可以做，什么事不可以做，这个社会才会有秩序。

减少冤假错案要更注重保障人权

记者：最近几年，有几起大的刑事案件备受关注，像赵作海、浙江叔侄这样重大的冤假错案发生之后，虽然有国家赔偿，但还是影响到人们对司法的信任，如何避免冤假错案的发生？

张明楷：现在最高法、最高检都颁布了一些规定，采取了一些防止冤假错案的措施。应该说，最高人民法院、最高人民检察院是重视的。我们以前出现一些冤假错案，可能有法律适用能力和认识水平的问题，更主要的还是观念的问题与体制的问题。例如，如果总是想到怎么打击罪犯，总是强调不放过一个坏人，而不想到怎么更好地保障人权，这样就可能冤枉好人。人的认识能力是有限的，不可能查出所有的犯罪人员。在杀人案上，如果简单要求"命案必破"，办案人员抓不到罪犯时怎么办，就有可能冤枉没有犯罪的人。再如，事实表明，不少冤假错案是一些地方机构拍板造成的。这与司法体制有关，也是需要引起重视的问题。

此外，在我看来，司法不公正以及形成冤假错案的另一个主要原因，是下级公安、司法机关及其工作人员在适用刑法时，过于想着自己的利益。之所以想着自己的利益，是因为各种考核指标的泛滥。有些法官、检察官在讨论疑难案件的处理时，不是思考如何使案件的处理结论合理、合法，而是关注如何避免风险，如何获得利益，于是形成不公正的判决乃至冤假错案。当然，在当下，没有考核指标也是行不通的，关键是如何考核。我认为，至少不能只设定惩罚犯罪的考核指标，而是要同时设定保障人权的考核指标，要使考核指标符合司法规律。

注重网络时代的民意应对

记者：一些热点案件一旦进入公众视野，往往会形成舆论场。像最近的复旦投毒案，百余名学生请求不对被告判处死刑立即执行，网上的声音却对这些学生的行为不满，在网络时代，司法审判该如何应对民意呢？

张明楷：这种情况时有发生。有时在一些争议案件中，如果哪一方声称上访，或者哪一方人多势众，判决就向哪一方倾斜，那么就没有司法公正可言。当下，首先要采取果断措施，杜绝以"息访"作为判断检察工作、法院工作是否妥当的标准。一些人习惯认为，如果判决引起上访，该判决就没有注重社会效果。其实，这是目光短浅的看法。

事实上，恰恰是要求判决不得引发上访的做法，导致判决缺乏良好的社会效果。只要判决合法，任何机关与个人都不能支持相关当事人采取非法律手段推翻判决。如果相关当事人采取的手段违反法律，应当追究法律责任。比如说，当法院作出了合法判决时，当事人聚众冲击法院的，应当以聚众冲击国家机关罪追究刑事责任。

其次，在具体案件成为网民的热点话题时，检察机关与审判机关要及时通报案件真相，必要时还应及时说明法律规定；应当注意判断网民意见是否建立在了解真相的基础上，要分析网民意见形成的原因，检察机关与审判机关只能服从法律，而不能屈服于其他人的意见。

当然，审判独立并不意味着司法不受监督。相反，只有推行良好的监督机制，才可以实现真正的审判独立。除了推行审判公开、检务公开外，还要充分发挥媒体、人民陪审员、人民监督员的作用。

Discuss 讨论

富人为啥要移民国外

来源于姚树洁的博客。
原文链接：http://yaoshujie.blog.caixin.com/archives/61688。

/房价
/移民
/富人

最近看到许多中国人跑到英国买房子，先让孩子读书，然后离退休的父母再跟进。在诺丁汉这样的小城市，就有很多这样的案例。

第一个因素是中英两国的房价差别巨大。昨天，朋友带我们到他们的老房子摘果子，后面的花园竟有200多平方米。朋友一家四口，光是摘下的李子，一个礼拜也吃不完。这个房子是1989年建成的独栋别墅，两层楼大约150平方米，刚刚被人用24万英镑（约220万人民币）买走。朋友家用36万英镑另外买了一栋崭新的、全部高级装修的3层楼别墅，面积比老房子大了一倍。这样好的房子，在北京两千万是拿不下的。

第二个因素是独生子女政策。许多中产及富裕的家庭，如果供两个孩子出国恐怕比较吃力，要为孩子在国外买别墅就更吃力了。另外，因为只有一个孩子，他（她）长大出国以后，如果在国外工作，父母就可以把家里的积蓄大都拿到国外投资，然后与孩子同住。

第三个因素是国内生活环境非常拥挤且恶劣。富人避开恶劣生活环境的方法就是移民，国外有许多不适合国人生活习惯的地方，包括文化、习俗、语言。然而，一旦这些不习惯都能被接受，移民就没有什么悬念了。

那么，有钱人移民对中国好还是不好呢？不好的一面是资金外逃，减弱投资拉动力。好的一面就是减少人口压力，增加国际交流和国际化的程度。

所以，富人外出，只要是合法的，政府不应该过多干预，应该顺其自然。不过，要减少富人外出，就必须从环境上下功夫，从改善交通上下功夫，从减少房地产泡沫上下功夫。

Discuss 讨论

夏俊峰案，负数的司法

来源于腾讯·大家，作者韩福东，系南方都市报首席记者。
原文链接：http://dajia.qq.com/blog/243247123272737。

/ 司法
/ 死刑
/ 正义

4年前的一个上午，夏俊峰和妻子在辽宁铁岭南乐郊路违章摆摊卖烤串，城管想要暂扣他们的液化气罐。夏俊峰拒绝，并发生冲突。之后，夏俊峰被带到城管办公室，在办公室他用七刀刺死了两个城管，又一刀将闻讯赶来的另一名城管重伤，而后逃跑。被抓后，他成为一个英雄般的人物，获得巨大的社会同情。

在死刑没废除的情况下，这样恶性的杀人事件难逃一死。死亡城管有过错，但将所有城管之恶加诸其身，于案情并无意义；就好比将羊肉串小贩存在的烧烤劣质肉现象全部归于夏俊峰和称其为英雄一样，都是可笑的做法。

很多人以夏俊峰正当防卫进行辩护。如果两名城管没有在办公室暴打夏俊峰，他怎么会拔刀杀人？陈有西等律师也说："双方体格力量的对比，夏完全处于劣势，不可能主动挑起事端。"

这样的诘问基本没有法律价值，一般的小贩也不会揣刀去城管办公室。如果夏俊峰没有遭遇严重危及人身安全的暴力犯罪，怎么和正当防卫联系起来？我非常认同法律意见书中关于司法程序的诸多责难，包括对案发现场证物的提取和死者的详尽验伤报告，都应有进一步的展示，也包括证人应出庭接受质询等。

一个或许本就应判死刑的案件，在知名律师和意见领袖的质疑下，仿佛成为惊天的冤假错案，司法的最大失败莫过于此。

台湾已逝的前"司法院院长"林洋港曾说过著名的一句话："司法像皇后的贞操，不容怀疑。"一旦"皇后失贞"成为率土之滨王臣们的普遍信念，那维系"皇权"（司法）的威信就扫地了。

司法本是社会正义最后一道防线，如果不能正向地定分止争，反而成为引爆质疑的负数，那我们要到哪里去寻找正义？

Discuss 讨论

地方法院试点，难破司法改革困局

来源于法律读品（微信号：lawread），作者浚洴。
原文链接：http://www.aiweibang.com/yuedu/dushu/3278985.html。

十八届三中全会与四中全会提出依法治国的改革蓝图，给破解司法体系行政化、地方化的困局指引了正确的方向，最高人民法院也以解决司法行政化、地方化为突破口并展开试点。随着几家指定的试点地方法院和一些自行改革的地方法院如火如荼地试点，官媒也不断地向公众展示各种"成功"模式，但出于对官媒定式思维的警惕，笔者一直对试点法院的"成功"保持一份清醒。

如果仅以局外人的角度，站在道德的制高点上苛责试点法院的院长不敢大胆改革，正如在旧体制下一味指责法官为什么不敢坚守法律，为什么不以唐·吉诃德式的精神去挑战体制一样是不负责任的。如果换位思考，站在地方法院院长的角度去考虑试点方案，得出的结论是：破解改革困局只能依顶层设计自上而下推行，地方法院院长本身并无能力突破体制性困局，而在外部体制不变的情况下，仅在法院内部作突破性改革并不符合地方法院院长的利益，因此，最高人民法院在没有具体改革方案的前提下径行让地方法院自选方案并进行司改试点，其不成功应是必然，成功才是偶然。

困局之一：法官的员额化

本轮改革的重要举措之一就是提高法官待遇，而实施法官的员额化是其前提。如何确定有限的法官员额是法院院长难以解决的第一个困局。理想化的做法是成立法官遴选委员会，在全省范围内根据德才标准进行严格选拔，选任后的法官在全省法院进行分配。

这样做起码面临三个问题，一是法官遴选委员会人员如何组成，如何设立一个固定标准保证选拔出的是适合做法官的人？二是法院院长是否参加选拔还是直接转任法官，改革是否要改到自身头上？三是选拔出来的法官易地任职，法官是否愿意，如何解决分居问题？这么复杂的工程，经验上全是空白，绝非地方法院院长能力所为。那么只能求其次，在各级法院内部确定员额，各级法院院长将面临着包括院庭长、一线办案人员和综合部门人员三个群体的利益平衡问题。

困局之二：如何落实"让审理者裁判，让裁判者负责"

口号叫得容易，落实却很难。去行政化不是

/ 十八届三中全会
/ 十八届四中全会
/ 司法改革

简单地下放文书签发权。2000年左右，法院内部曾大搞审判方式改革，措施上更为激进，院庭长不签发文书，要求法官做到一步到庭，当庭宣判。这项改革不到一年就夭折，原因主要有三：一是没有建立完善的庭前准备程序，要求一步到庭不符合司法规律；二是当时法官素质良莠不齐，没有达到一步到庭、当庭宣判的程度；三是同案不同判现象严重。

法院地方保护主义严重，法官没有形成统一的裁判思维，同一种事实在不同的法院甚至同一业务庭里的不同法官就有不同的判决，各种判决乱象环生，严重损害了司法的公信力。没有对2000年改革的教训进行充分总结，贸然下放审判权必然导致重蹈前车之覆辙。目前改革者开出的药方是，既然权力下放给法官，法官有错就要承担重责，正所谓权力与责任一致的原则。

当法官在裁判时首先考虑的不是正义，而是如何不被追究错案责任，甚至如何才不会被以滥用职权、玩忽职守等罪名追责，如何能够作出符合正义的判决？当一个法官因未识破当事人恶意诉讼出具调解书被追究刑事责任，因按证据形式判决后当事人自杀而被追究刑事责任；当一个法官因判决不被当事人接受而被辱骂、诽谤，甚至家人受到威胁而无处救济，以去行政化为名简单下放审判权是对法官的严重不负责任！

落实"审理者裁判，让裁判者负责"真正的方案应当是在落实法官职业保障的前提下再下放审判权，在严厉制裁法官故意违法乱纪的同时，更为重要的是树立法官的职业尊荣感。

新中国成立初期犯罪率低而改革开放后犯罪率高，并非完全是人的道德水平下滑或法律意识变差，实质上是熟人社会的犯罪成本比陌生人社会的犯罪成本更高，当人口不能自由流动时，一个小偷即使没有受到刑事制裁也无法在熟人社会中生存下去。当法官、检察官、法学学者形成一个法律职业共同体，正似形成一个熟人社会，法官的职业在这个熟人社会中具有一定的尊荣感，法官注重法律共同体对自己的评价，当法官看重自己的口碑像看重自己的眼睛甚至自己的生命时，自然不会为金钱、人情、关系等牺牲自己的职业生涯。当法官意识到自己的某一个非正义的行为虽然可能不会被追究责任，但会影响法律共

Discuss 讨论

同体对其评价的降低，会给自己的职业生涯带来污点，在利益平衡之下自然会作出明智的选择。我想，建立法律职业共同体才是世界各国实行统一司法考试制度的初衷和真正意义所在。而建立法官的职业保障体系和树立法官职业的尊荣感却需要顶层设计，并非地方法院的院长能力所及。

当然，地方法院的院长所面临的困局还有许多，限于篇幅不再一一列举。本文的目的在于提醒最高人民法院，中国司法体制改革面临前所未有的重大历史机遇，最高人民法院应当在司法领域落实四中会议精神上全面规划好顶层设计，并要预测好改革所面临的体制内和体制外的困难，在拿出具体的改革方案后再找地方法院试点，而不是直接让地方法院自行拿改革方案径行试点。由顶层强行对既得利益者开刀，能够使地方法院的院长减少面对既得利益群体反弹的压力，从而不使改革变形，而让地方法院自行断腕，是对试点法院不负责任的做法，也有自身不敢担当之嫌。

发现领导决定或致冤假案可越级报告

来源于《检察日报》2013年7月8日,作者为最高人民检察院原副检察长朱孝清,原标题《对"坚守防止冤假错案底线"的几点认识》。
原文链接:http://newspaper.jerb.com/html/2013-07/08/content_135826.htm。

/ 公平
/ 正义
/ 司法

党的十八大以来,习近平总书记突出强调"要努力让人民群众在每一个司法案件中都感受到公平正义"。坚守防止冤假错案底线,是保障社会公平正义的重要方面。

确保办案质量、坚守防止冤假错案底线,是每一个执法办案人员的终生追求和重大责任。"前事不忘,后事之师",以临渊履薄的心境和一丝不苟的态度,直至退出执法办案岗位。"坚守"就要着力发现并坚决排除非法证据,敢于依法发表并坚持正确意见。发现领导的决定可能产生冤假错案的,要向上级甚至越级报告,以防悲剧的酿成。"坚守"就不能让办案人员长期超负荷办案,否则冤假错案难以避免。因此,在案多人少矛盾十分突出的地方,要争取党委、政府支持,招录一些检察辅助人员。

每一个执法办案人员要明确案件质量的内涵。所谓公正司法,必须做到不错不漏。因为如果错了,犯罪嫌疑人、被告人就感受不到公平正义;如果漏了,案件的被害人就感受不到公平正义。当然,根据疑罪从无原则,这种依法不得已的"漏",与指导思想上防止"漏",二者并不矛盾。防止纠缠细枝末节,宽纵犯罪。

每一个执法办案人员要明确"冤假错案"的标准。首先是指"把人搞错了",同时,也包括把疑案当作犯罪处理,就会使部分犯罪嫌疑人、被告人蒙冤。必须坚持疑罪从无,守住不把疑案当作犯罪来处理这个底线。在司法证明上,要以客观真实为目标,以法律真实为标准。

Discuss 讨论

当"变相抵制"发生，检察监督何为

来源于 2013 年 11 月 24 日《南方都市报》社论。
原文链接：http://epaper.oeeeee.com/A/html/2013-11/24/content_1977282.htm。

/ 监督
/ 检察机关
/ 职权

日前，广东省人民检察院就法律监督工作向省人大常委会作专题报告。报告提及，部分执法、司法机关存在变相抵制检察机关监督的现象，检察院对侦查机关进行的违法行为纠正意见，有近三成未得到落实。

2010 年，广东省人大常委会通过"加强法律监督"的专门性决定。此番发布的诸多数据，既可以看到积极作为，也存在不少话外音。举例说，三年来，依法要求侦查机关说明不立案理由 3859 件，同比上升了 3 倍。而在法律监督未加强之前，全省一年的同类检察监督案件仅 400 多件。

检察监督在加强，被监督机关作为又如何？据报告中的数据：对侦查机关的刑讯逼供、超期羁押、违法取证、违法采取强制措施等行为予以纠正，共提出 2888 件次，其中 784 件次未得到纠正。

"变相抵制"，措辞不可谓不激烈。"对检察机关所进行的违法侦查调查，个别公安机关随便应付。"事实上，检察院作出不批准逮捕的决定或建议补充侦查时，不少侦查机关会转而寻求其他渠道（比如收容教育等）以消化案件。出现了诸如"主犯被判刑期不如从犯被劳教时间长"，进而从犯申诉"自请入罪"的荒诞案例。

于检察机关而言，要么不监督，要么不敢使用强硬的监督手段。比如三年来在"建议更换办案人"这一监督方式上使用者寥寥。

检察机关是否亦应着手反思"联合办案"的利弊？先期介入侦查机关办理案件，很大程度上还是更易导致制衡、监督作用的失灵。

正是因为权力间的拉锯，法庭上的对抗才有法律正义实现的可能。面对"变相抵制"，是否能（或曰敢）更充分使用法律所赋予的职权？

贪官势利是如何炼成的

来源于《南风窗》2013 年第 24 期，作者石破。
原文链接：http://www.nfcmag.com/article/4398.html。

/ 贪官
/ 势利
/ 权力

　　不势利则无贪官，然则贪官的势利是如何炼成的？

　　当下社会是一个"精英崇拜"社会，精英就是拥有财富最多的人，所谓"财富英雄"是也。他们既是成功者，也是智慧与能力超群者。

　　中国人对势利的认识非常深刻，俗话说"虎落平阳被犬欺"、"拔了毛的凤凰不如鸡"，"趋炎附势"这个昔日贬义意义的成语，正在变成无数年轻人自觉遵守的行为准则。而官员对周围簇拥着的势利之徒的认识和体会，更比一般人深刻得多。即使你当上了一定级别的官员，也无法跟那些挥金如土的富商相比，而他们在向你乞求权力关照的同时，内心未尝不在嘲笑你的寒酸。这让你尴尬、难堪，寝食不安。你强烈地感觉自己的权力、名声未能与财富相匹配，未能与社会设定的成功典范保持一致，你更难以接受有朝一日"权力过期"时你将会失去一切的可怕前景，你的恐惧和焦虑由此而生。

　　反之，你积累的财富越多，你也越能信服自己的"价值"，这是一个相互补强的过程。所以，即使有些贪官所捞的钱已经足够自家几代人挥霍了，却仍在狂热地聚敛财富。

　　在一个"名利场"化的社会，在一个权力缺乏制约和监督的环境里，官员想要抵制不义之财的诱惑，就得进行一场艰苦卓绝的战斗。他的对手不仅有不计其数的行贿者，还有已成"群体性病征"的势利观念，只要个别腐败行为得不到及时有效的遏制，人们就会产生"你能干我也能干"的攀比思想，腐败就会日益系统化、普遍化。

Discuss 讨论

网络代购，司法面对新型案件的摇摆

来源于《法制日报》2013年12月18日，作者烨泉。
原文链接：http://lawinnovation.com/html/bwgs/25422176.shtml。

/ 网络
/ 新型案件
/ 司法

2013年12月17日上午，北京市第二中级人民法院对离职空姐李晓航代购案重审宣判，法院以走私普通货物罪判处李晓航有期徒刑3年。

法院一审判处李晓航有期徒刑11年。事实部分：一审时认定李晓航偷逃税款120万元，重审认定为8万元。关于定罪：代购是不是就等同于走私，有人认为代购就是走私，也有人认为作为一种新兴的电子商务模式，处在法律的灰色地带。

如此悬殊的判决结果，核心在于面对新型案件，司法在处理时的摇摆与进退。

网络不是法外之地，但法律原则在具体案件面前辗转腾挪的空间太大。这就是我国司法在面对具体的新型案件时总摇摆不定、进退失据的原因。许霆案也是如此。

法官在没有具体法律规定的时候，完全可以凭借法律原则来判案，但是这种判案的风险很大。以网络不正当竞争案为例，法官大多依据《反不正当竞争法》第2条的原则性规定。这种法律原则大而无当。

从性质上认定网络代购就是走私，但又不同于现实中的走私。法律规定是为现实中的走私量身定做的，真正套用到网络上总会显得不合体。所以，公众对空姐代购被判11年，出于一种朴素的公正感觉认为是判重了。

面对新型案件，一审用力过猛，重审又往回收。这样的司法摇摆体现了实践中的探索与尝试，体现了司法权力的慎用和对公平正义的敬畏。没有司法在实践中蹚雷区，又怎么会有法律规定的公正？

公平正义如何让民众感受到

来源于凤凰网自由谈，编辑魏巍，实习生王鹓。
原文链接：http://news.ifeng.com/opinion/special/lianggaobaogao/。

/ "两高"
/ 司法改革

"两高"报告反对票创六年来最低。第十二届全国人大第二次会议闭幕，"两高"报告所获的反对票均是2008年以来的最低。这六年间，除了2012年外，不是最高人民法院垫底，就是最高人民检察院垫底。而在20世纪90年代，"两高"报告都处于不能通过的边缘。

"两高"打出组合式战法。为了减少反对票，"两高"都付出了"艰苦卓绝"的努力。在反腐败问题上努力，在司法改革和司法公开上努力。司法的特殊性注定很难被叫好。"两高"尤其是最高人民法院的工作难免会受到质疑。比如，最高人民法院院长周强在3月11日谈夏俊峰案时，引发了强烈的舆论影响。

与实现"让人民群众在每一个司法案件中都感受到公平正义"的目标依然有不少距离。独立审判权、检察权，需要切切实实的制度变革。"两高"报告中，表述较为谨慎，"研究"、"探索"的措辞之下，如何推进和确保地方审判、检察机关独立，直接关系到目前国内大部分案件与民众感受。新开局举措不少，有一些已经见到成效（如裁判文书的网上公开），但与目标依然会有不少距离。

分享司法改革成果，民众才会对法律有信仰。普通人所看到的情况，与"两高"报告里反映的情况，在感觉上有比较大的距离。因为存在这样一种落差，人民的感觉和期望还有一定的距离。与民众分享改革成果，同样应当包括让民众能在每一起案件中分享到司法改革的成果，察觉到司法进步的迹象，唯此才能让民众对改革前景生发出信心来。

Discuss 讨论

医疗界形势有多严峻

来源于曲阳竹子的新浪博客,原标题《医学界正在发生什么?》。
原文链接:http://blog.sina.com.cn/s/blog_4701ff8e0102fdph.html 。

/ 医保
/ 医改

医学是专业性极强、综合素质要求非常高的学科，别的专业大学四年毕业，而医学需要五年。医学关系到人的生命，医生的收入水平，也体现着一个国家对生命的尊重程度。

要想生存，唯有创收——就这么简单。2011年，美国医疗卫生支出占 GDP 总额的 17.9%，同年我国的医疗卫生支出占 GDP 总额的 1.35%，同时提醒——我国的医疗投入被免费医疗的特权阶层占去了绝大多数。医保覆盖率的真相是：有覆盖面，无覆盖强度。越是低收入人群尤其是农民，报销比例越低。

"看病难，看病贵"本应由政府承担相应责任。但真相是：各临床科室占用多少房间也算"经营成本"。所以，院长"搞创收"在情理之中。在记者行业中，"揭密"医生是最安全的、最讨巧的、最实惠的。医生成了医改失败的替罪羊，医患矛盾不断升级，最后又恰恰是医、患成为最直接的受害者。

最近 6 年，中国共有 100 多万人通过临床执业医师资格考试，但有 40 万人没有注册。"一边是需求量加大，另一边是从业人员流失。"于是，怕上厕所耽误时间连水都不敢多喝、加班加点成为医务工作者的常态，医生过劳死的案例频发。

医学界正在发生什么？我想用《纽约时报》那篇文章作结束语："与医生数量不断减少相对应的，是患病人数大幅增加，每一个医生的工作量，都是十年前的数倍。如果政府作为不力，社会舆论没有改善，医生的工作量、风险压力和生存环境如此糟糕，辞职必将成为很多医生的第一选择。普通公民未来的就医形势，将进一步恶化。"

Discuss 讨论

警察权过度扩张怎么办

来源于共识网之思想者博客,作者叶匡政,《凤凰周刊》主笔。

原文链接：http://yekuangzheng.blog.21ccom.net/?p=47。

/警察权
/社会
/监督

近年几乎所有的群体性事件，都活跃着警察的身影，有的地方警察也成了打压维权者的工具，这显然违背了警察独立执法的社会常理。

警察权的大小与一个国家的法治文明程度是成反比的。假如警察权被滥用，只会导致公民权的缺失。对警察来说"法无授权"即禁止，对公民来说"法无禁止"即自由，找到警察权和公民权的平衡点并达成一种制度保障，成为实现法治社会的一个重要环节。

在社会转型期，警察权的扩张尤其值得警惕。如果过分依赖警察权来维护社会稳定，无异于饮鸩止渴，极有可能造成普通民众和国家公权力的对立，杨佳案后普通民众的反应已说明了这一点。

造成当下警察滥施惩罚权的一个主要原因，是当前的警察权基本是在一个自我决定和实施的权力空间中运行，并没有受到其他司法部门的制度性监督。《人民警察法》也只是原则性地规定警察在执行职务时，受到检察院、监察部门或上级公安机关及社会、公民的监督。社会和民众虽能进行舆论监督，但由于权力和信息的不对称，极难实施监督。

民众都应当来关心警察权行使的边界，首先要确立的是警察权行使的公共责任原则，即只有对那些破坏公共秩序进行违法犯罪活动的犯罪嫌疑人，才能行使警察权，对于私人领域，警察权不得随意介入。此外，还需明确警察权的程序原则。但是，如果司法体制一直不注重真正维护宪法赋予的公民权，想让警察权在一个合法的空间中运行，只能是一种幻想。

Discuss 讨论

女性能否为自己身体做主

来源于中国新闻周刊综合报道，原标题《全球堕胎争议：女性能为自己身体做主吗？》。
原文链接：http://politics.inewsweek.cn/20130719/detail-65970.html。

/ 女性
/ 自由
/ 堕胎

"爱尔兰"和"堕胎"就是风马牛不相及的两个词。然而，近期这个天主教国家在"堕胎"的政策方面显示出让步的迹象。

2013年7月11日，爱尔兰议会首次通过了特定条件下进行堕胎的议案，准许在母亲有生命危险、可能自杀等限定情况下堕胎。

全世界有超过60%的人口居住在允许堕胎的国家。瑞典、荷兰、德国、法国和匈牙利有与美国一样的规定，在12周内可以堕胎。

多数中东国家实行严苛的堕胎政策。比如，在欧洲小国摩纳哥，除了胎儿残缺、乱伦或者强奸等情形，正常情况下不允许堕胎。地中海岛国马耳他则完全禁止。

堕胎现象古已有之。公元前1550年已知世界最古老的医书《Ebers莎草书》留下了古埃及最早的堕胎记载。

中国民间传说，五千年前神农以水银堕胎。希腊文化中，完全看不见世人对杀婴、弃婴、婴儿献祭和堕胎有一丝一毫的愧疚感。亚里士多德更赞成城邦有权强迫妇女堕胎，控制人口外，也可减轻穷人生活负担。

而宗教立场是坚决反对堕胎的。佛陀教导众生要结善缘，而堕胎是与来投胎之人结怨。道教主张胎儿也属生命，具有灵性。基督教谴责堕胎的历史由来已久。生命从母腹开始这一观念成为西方世界共识。

支持者认为，女性处理自己的身体是天生的权利，包括性和生育的自由。但反对者认为，胎儿有人的权利，不能随意将之杀死。

美国共和党众议员米歇尔·伯格斯说："一个妊娠15周胎儿的超声波图像显示，他们已开始有目的地运动，会击打自己的面部……如果他们能感到快乐，为什么不能理解他们也能感受痛苦呢？"

Discuss 讨论

"斯德哥尔摩综合征"是个啥

来源于百度百科。

原文链接：http://baike.baidu.com/link?url=1SYB2OTtj8eu4dih3sP8t3LN1BwZoCbQh0gc5bLPmrSCyK5VRomRnk8qlhPXk_OB。

/ "斯德哥尔摩综合征"
/ 弱点

1973年，两名罪犯抢劫斯德哥尔摩市一家银行失败后，挟持了四位银行职员，僵持了130个小时之后，因歹徒放弃而结束。这四名银行职员拒绝指控这些绑匪，甚至还为他们筹措法律辩护的资金，更甚者，一名女职员竟然还爱上劫匪，在服刑期间订婚。

专家深入研究这种屈服于暴虐的弱点，就叫"斯德哥尔摩精神征候群"或者称为人质情结或人质综合征。是指被害者对于犯罪者产生情感，甚至反过来帮助犯罪者，这种情感甚至协助加害于他人。从集中营的囚犯、战俘、受虐妇女到乱伦的受害者，都可能发生这种现象。

如果符合下列4个条件，任何人就会产生斯德哥尔摩综合征：第一，是要你切实感觉到你的生命受到威胁，相信这个施暴的人随时会这么做。

第二，施暴的人一定会给你小恩小惠，如在你各种绝望的情况下给你水喝。

第三，除了他所控制的信息和思想，任何其他信息都不让你得到。

第四，让你感到无路可逃。

"斯德哥尔摩综合征"反映了人性的弱点：人是可以被驯养的，是一种屈服于暴虐的弱点。我们反对对绑匪的依赖与同情，同时应与绑匪斗智斗勇，最终战胜绑匪。

一、从见到绑匪时，就马上确定他是一生中不共戴天的敌人，做好敢打必胜，绝不存在任何幻想的心理准备。

二、坚决与幻想保命型、奇怪认死型、懦弱被骗型的心理作斗争。

三、坚持"循安善处的原则"，进行力量对比估价：斗智斗勇，坚决反击。

四、丢弃"羊"的软弱，学会"狼"的反抗。

Discuss 讨论

中国人为何有办不完的证

来源于一财网，作者于平。
原文链接：http://www.yicai.com/news/2013 110/3045195.html。

/ 办证
/ 权利

2013年10月11日，央视《焦点访谈》曝光两起政府工作人员刁难办事民众的个案。引起广泛共鸣，网民们纷纷吐槽。

政府机关办事难，难在需要的证明多。中国是个证明大国，你想去政府开一个证明，往往会发现，要想证明到手，你必须要先办好另外N个证。为了开千奇百怪的证明，你不得不求爷爷告奶奶，从单位跑到居委会，从一个"衙门"到下一个"衙门"。

开证明当然是很难的。这是因为，许多政府机关根本就不愿意开。道理很简单，万一证明出错，那公章上的部门肯定要承担法律责任。

证明之多，开证明之难，反映的是落后的管理理念。同时也说明了政府在管理社会的过程中，处处充满了对公民的不信任。有报道说，一位老人因社保费被无故停发，欲讨回自己的社保金，但却被要求开一个"未死证明"，一个大活人站在你面前不就是最好的证明吗？

证明，说白了就是一种不信任式的管理，由此形成一种无谓的社会内耗。

公民不信任政府是一种权利，而政府信任公民却是一种义务。相信自己的公民也是维护社会安定、降低社会内耗、提高政府办事效率的必然选择。因此，解决政府机关办事难，最有效的办法，就是取消那些不必要的、千奇百怪的证明，如果确实需要核实，那应该在政府部门之间内部解决。

政府机关办事难，说到底，还是要办的事、要开的证太多了，这是一种制度性的刁难，这个问题，比那些态度恶劣的办事人员，更需要"处理"。

Discuss 讨论

经济学家怎样跳"广场舞"

来源于《第一财经日报》，作者鲍勇剑，加拿大莱桥大学管理学院副教授、复旦大学管理学院 EMBA 特聘教授。
原文链接：http://www.yicai.com/news/2013/11/3094965.html。

/ "广场舞"
/ 囚徒困境

2013年11月1日，《经济学人》杂志发表了一篇《拯救中国跳舞大妈》的报道。从武汉、重庆到合肥，广场跳舞大妈与周边居民冲突的国内新闻已经传至国际。对"广场舞"，媒体一般把它当作社会管理问题或民俗文化现象来报道，却错过其背后隐含的制度经济学的问题。

跳好"广场舞"，包含着三个经典的制度经济学问题：

第一是大妈过度使用活动场地这一"公共资源"，这是经典的制度经济学问题即"共享资源的悲剧"。

第二是多头管理权的矛盾，这是经典的"集体行动的困境"。这种现象也发生在医疗卫生、食品安全和环境保护等领域，出现的问题是管理行动、辖区、治理权、责任主体被切片分割，难以协调和对应。

第三是不愿意维护场地的资源价值，如安全、清洁和方便等。跳舞的群体很多，愿意整理活动后的场地的人很少，没有人监督整理工作，以至于环境资源越来越糟糕——"囚徒困境"。

很少人去思考大妈们群聚在一起所体现的社会和谐以及社区文化生命的活力。假如大家都躲在小屋中自娱，那将怎样呢？政治学家早就警告，那是一个社区凋敝、社会资本枯竭的现象。

"广场舞"现象的经济学特征是公共产品和私有产品之间边界模糊，共享资源和公共集体行动缺乏规则。在中国社会治理的讨论中，国民素质问题频繁被提及。南加州大学邓穗欣教授表明，这是个设计的挑战，但不应该成为不作为的理由。首先，社会治理应该在设计时就考虑到低度的执行条件；其次，社会规则越容易理解就越能够获得执行效果。

国学之药，如何治制度之病

来源于财新网博客，作者蔡朝阳，《新童年启蒙书》作者。
原文链接：http://caichaoyang.blog.caixin.com/archives/63245。

/ 国学
/ 教育

　　在新学期一开学，包括北京四中、衡水中学等在内多家知名中学设立了国学选修课，教材是以中国台湾国学教材为底本的大陆学者加以改编的《中华文化基本教材》。几十年来，中国的教育是意识形态的附庸，需要用一种国家可以接受的价值理念来填补。国学进课堂，适逢其时。因为台湾岛内一直弦诵不绝，因而社会文明、民众素质俱佳，良有以也。身为中国人，我们为这个传统文化所濡化。《论语》里"沂水春风"的章节，古人叫"天人合一"，现在叫作"和谐"。而我们看到，那种开放自如的生命状态，正呼应了教育最核心的本质，那种状态下，每个生命个体都是自由的。

　　国学进课堂，本意为人格的陶冶、道德力量的感化。而我担心的是，高考模式之下，淮橘成枳的悲剧如何避免？衡水中学这样的学校，以严格的军事化管理为世人所知，与温良谦恭让的儒家精神结合之后，又会生出怎么样的奇葩？给孩子提供多元的选择，也是培养与激发孩子们创造力的必由之路。这不仅仅局限于中国传统，更包括那些名家翻译的文质俱佳的西方经典。自严复以来，傅雷、穆旦、杨绛、何兆武、李文俊等杰出的翻译家，百年间他们的卓越努力为我们呈现了整个人类的高贵精神世界，这些不也可以成为修身的典范吗？

　　诸子所曰并非唯一真理。保障师生双方教与学的自由，从而培养理性自决的现代人。梁启超百年前有"新民说"，新一国之教育，首先在于观念更新，以一种自由的教育观，改变以往那种工具主义的唯技术论的教育观。

Discuss 讨论

第一人称射击游戏：福还是祸

译者默然西，原标题《The Psychology of First-Person-Shooter Games : The New Yorker》。
原文链接：http://www.newyorker.com/online/blogs/elements/。

/ 游戏
/ 控制

尽管《毁灭战士》并不是最早的第一人称射击游戏，但它促使这一类游戏流行起来。始终是各个年代最大卖的游戏。

是什么使得这款游戏长盛不衰？并非简单地因为它有着第一人称的视角、3D 的画面或是包含暴力、逃脱的元素。第一人称射击游戏将它们绝妙地组合在了一起，达到被心理学家米哈里·契克森米哈称为"忘我"的境界——绝对存在和绝对快乐。

"在这一心理状态下，人们会恋恋不舍地说'真有趣'或是'真愉快'。换一种说法，就是心无旁骛。"达到这一境界需要与能力相当的挑战、淡化个体认知的环境、强大的控制感。

控制感加上第一人称视角，这也许就是第一人称射击游戏经久不衰的原因。感到快乐最基本的因素就是能掌控自己的生活。根据最新的动物、医学和心理学的研究，掌控感的确是"生存的生物性需要"。我们越大程度上认为自己掌控了生活，心理感觉越愉悦。

这种吸引力在任何时候都不会很快消失。美国人越来越多地认为外力影响了他们的生活。这表明疏离感的增加，其结果是人们需要在现实生活之外寻找一个能让他们重新获得控制感的方式。这也许就是这一游戏如今吸引的不再只是叛逆的年轻人和男性玩家的原因。玩家大约 47% 是女性，53% 是男性，而玩家平均年龄也达到了 30 岁。

Discuss 讨论

为什么虐待新兵是"普世"现象

来源于微信公号"大象公会",作者唐映红、KKab。
原文链接:www.guancha.cn/DaxXing GongHui/2013-12-13-192314-2.shtml。

/ 军队文化
/ 新兵

《水浒传》中，林冲要入草，王伦要他纳投名状。林冲说："小人颇识得几个字。"朱贵赶紧解释，纳投名状就是杀人，绝了后路，死心塌地跟着老大混。

"老人"刁难"新人"。新人历经磨难才被团队真正接纳，更易激发对团队的凝聚力和忠诚度。因为从心理学角度看，人们会高估自己付出高代价获得的东西。

在军队亚文化中，体罚和虐待新兵现象较易在基层流行，而聚餐拼酒斗酒则流行于军官阶层。去年美军曝出华裔新兵因遭到老兵虐待而自杀的事件。青史留名的马歇尔将军年轻时也曾在军校遭受过"坐刺刀"的虐待并受伤。

俄罗斯新兵不堪虐待而自杀竟成俄军非战斗减员的最主要原因，媒体称，自杀人数超过了同期美军在伊拉克的死亡人数。韩国也是虐待新兵丑闻的大户。像德国、菲律宾、泰国、玻利维亚乃至中国大陆、中国台湾也位列其中。军营虐待新兵似乎成了一种"普世"现象。

军营对士兵的塑造，是对已经社会化的普通人的重新"格式化"，很多就带有强烈的反社会性。

毛泽东总结："各部队中凡打人最厉害的，士兵怨恨和逃跑的就越多。"禁止体罚，成为中共军队成功改造国民党被俘士兵最有效的工具之一。中共军队能别开生面地建立一种全新的军队文化，得益于配置政治干部"党指挥枪"的意识形态教育。

Discuss 讨论

为什么有人天生残忍

来源于微信公号"大象公会",作者 I.Issak。
原文链接：http://www.dapenti.com/blog/more/asq?name=xilei&id=84964。

/ 镜像神经元
/ 心理学家

　　重庆一个一岁半的男婴被 12 岁女孩丢在地上，踢脑袋，提起来摔打。五分钟后，男婴被发现躺在居民楼下的草丛中，已陷入昏迷。

　　心理学家们曾在实验中发现，即便是 1 岁至 3 岁的儿童，都会敏锐地感受到假装哭泣的大人们内心的痛苦，他们也哇哇大哭起来，试着轻抚和安慰。人类从小就有分辨并感知他人痛苦的能力。

　　12 岁的小女孩——她的社会化过程还远未完成，却做出如此麻木而残忍的事情。

　　"良心被狗吃了"。这当然是一种修辞，但是很可能离真相不远。生物学研究发现，有些人是天生就没有"良心"。

　　镜像神经元被誉为 20 世纪生物学上最重要的发现之一。这种神经元被认为和人类的认知 / 模仿、语言学习等行为密切相关，甚至直接决定人类产生共情 (Empathy)。

　　这解释了为什么儿童会安慰哭泣的大人——他们通过镜像神经元和心智理论原理，将他人的痛苦转化为自己的痛苦。

　　心理学家 Abiigail Marsh 研究过一位变态杀人狂，发现她竟不能分辨出多张照片中不同人所展现出的恐惧表情，直到终有所悟：哦哦，那就是我在捅死别人之前他们露出的表情！

　　这和那些做错了事还嘴硬的孩子不一样。她感知不到照片中人们的恐惧表情，进而也没有转化为自己的情绪的能力。其相关镜像神经元并没有活跃起来——就好像先天耳聋者或盲人的听觉神经和视神经异于常人一样。

　　在镜像神经元罢工的"狂人"看来，偷偷用残忍方式杀掉一只猫，和在没人的地方放屁、在电梯中摔打婴儿之间，没有什么区别。

如何化解别人的威胁

来源于左岸读书,作者武志红。
原文链接:http://www.zreading.cn/archives/4192.html。

/ 枪匪
/ 化解

许多来找我求助的来访者,一开始的焦点总在别人身上。

化解这个矛盾的一个原则是"温和而坚定"。坚守我的立场,无论对方有什么情绪或做什么事情,我的情绪都是温和的,不会失控。

美国心理学大师科胡特有另外一个术语描绘——"不含敌意的坚决"。做到这一点很不容易。例如,假若一个警察威吓你跪下来,你要么会有恐惧产生,要么会有愤怒产生。

换一些简单的情景,设想你遇到一条哈巴狗,它在向你咆哮。有人产生强烈的愤怒,但也有人微微一笑,他们知道,是它自己在瞎紧张而已。

怎样可以做到不被影响呢?怎样可以做到"不含敌意的坚决"呢?

我朋友遇到枪匪。他们用枪指着她们的头,他们只要钱。她的朋友歇斯底里地叫了起来,她赶紧抱住并堵住她朋友的嘴,同时也安抚枪匪说,你们把钱财拿去就是。

那些枪匪的身体也在瑟瑟抖动,在这种情形下一旦敌意或恐惧被严重唤起,枪匪们会做出什么事来就很难说。

换一个角度,站在对方的角度看问题,可以有效地化解对方的敌意。

王阳明有一句话:"此心不动,随机而动。"我此刻没有欲念,你的心一动,我会知道,会理解。

一旦我们觉察到一个重要的心结,我们就会坦然了很多,别人再玩投射,就很难激起自己的敌意了。

不含敌意的坚决,这真的是我们可以做到的事情。

Discuss 讨论

上海的离职法官去哪儿了

来源于微信公号"上海法治声音",作者玉山。
原文链接:http://www.aiweibang.com/yuedu/qita/393469.html。

/ 上海
/ 法院
/ 法官

有关上海出现法官离职潮的消息近来不断见诸媒体。据闻，某区级人民法院知识产权庭的法官在 2013 年"几乎走光"。在上海，正处于审判业务成熟期"急流勇退"离开法院的法官，不在少数。每年平均流失法官 67 人，这是上海高级人民法院院长崔亚东在"两会"期间透露的数字。

离开法院的法官，要想谋个不错的饭碗并不难。即使是带着污点离开的法官，再就业也不会难到哪里去。企业老板都很现实，他们不会在乎你的身上曾经发生过什么，而是看能为他带来什么帮助。

"混"个副主任科员要 20 年。市区级人民法院离职的法官有相当多的一部分做了律师，收入每年在 30 万元至 50 万元之间，而法官的平均收入也就 10 多万元。也有一部分法官来到政府机关，因为上升空间要比法院大得多。像郊区法院的离职法官，绝大多数选择了仕途。法院几乎是一边在招人，一边在流失"种子选手"。即便通过司法考试，要想从科员"混"到副主任科员起码要 20 年。

无处寄放的济世情怀。对于外界舆论说他们脱下法袍是因为法院"待遇低"，在著名学者、华东政法大学司法研究中心主任游伟看来，许多从法律专业毕业的年轻人抱着法治理想考入法院，希望通过自己的法律素养维持公平和正义，但是法院行政化的机构设置，使得他们在实现理想过程中遇到了挫折。

上海高级人民法院院长崔亚东接受记者采访时说："不是提高待遇就能留住人这么简单，关键是要建立符合职业特点的司法人员管理体制，让法官对自己的职业有足够的认同感。"

Discuss 讨论

中国大法官为何不审案

来源于《南方周末》，作者刘长、周楠。
原文链接：http://www.aiweibang.com/yuedu/qita/383083.html。

/ 大法官
/ 审案

2002年3月以来，中国产生了3位首席大法官和110多位大法官。据公开可查的资料统计，至少有11位大法官曾亲自主持16个（次）案件庭审。

留下审案记录的11位大法官，多是这样的标准法律人：科班出身，长期在司法系统工作或从事法学研究。通俗点说，能审案的大法官，基本都有两把刷子：懂法律，有经验。

4位最高人民法院大法官曾亲自断案，个个都是法学博士。其余7位亲自审案的大法官，来自地方高级人民法院。非法律科班出身的只有3人。由于法官等级与行政职务挂钩，从未系统学过法律、从未审过任何案件，因当上法院院长"自动"成为大法官的案例并不鲜见。不过，自"十八大"以来，越来越多资深法律人晋升大法官。外界对大法官亲自判案的期待越来越高，包括西南政法大学毕业的最高人民法院院长、首席大法官周强。

现行法律没有规定大法官的择案标准，更看重的是"在法律适用方面具有普遍意义"。大法官不仅参与审案，还决定案件的结果。"3Q大战"一审判决由广东高级人民法院审判委员会"讨论决定"，大法官奚晓明签署终审判决书，不再有审判委员会的影子。

某位大法官从事的是大量行政管理工作，诸如培训班开学典礼、观看离退休干部美术展等。唯独没有亲自主持庭审的记录。中国政法大学教授何兵直截了当："大法官之所以不审案，是因为他们去管别的法官去了。"

原湖南高级人民法院院长吴振汉打过这样的比方："作为院长，作为大法官，要想知道梨子的滋味就要亲自去尝一尝。"

白晓红谈《隐形生产线》

来源于台湾《破报》，作者苏盈如，原标题《走出唐人街，走入中国底层劳工：白晓红谈"隐形生产线"》。
原文链接：http://www.pots.com.tw/node/11777。

/ 劳工
/ 移民
/ 过劳死

从2000年发生在英国多佛港58名中国非法移工（"偷渡客"）在卡车里闷死时，英国主流论述将其视为非法移民，而没有正视背后劳工问题的傲慢，出生于台湾、在英担任记者的白晓红，从2008年伪装成没身份的中国人，在伯明翰工厂打工，后来到按摩院当保姆卧底打工。将出版以小说形式呈现经历、调查的《隐形生产线》。

人与人之间只存在处境上的差异。《隐形生产线》借李然到英国打工开始，就像非法劳工如履薄冰一样，读者也不知道接下来谁会工伤。于是伴随包括2004年23名莫克姆湾拾贝工因涨潮遇难、Samsung（三星）工人过劳死以及遭打劫或遇害等真实事件，还原了他们的生前世界。

外籍工资往往比本籍标准要低许多，却仍比国内工资高。当工人被嵌入跨国生产链时，便面临制度性的二等社会地位。

实际上劳工问题被移民问题给掩盖了。"种族歧视一直在，大英帝国仇外的心态一直有。"她表示，"英国工作给英国人做"的观念，早在20世纪初已形成。

莫克姆湾遇难事件后制定《工头执照法》，加上工党政府查缉严重，非法工作更加地下化，很多人待了十多年，改善生活后就回家。

而那些比他们先来到英国的港人成为他们的雇主。因此，没有形成"华人"社会意识，而是形成阶级意识。

书中提道，"农场上中国人的队伍里，40岁以上的居多，多为人父母，背负着相当沉重的任务。""自己在外面苦，家里都不知道。不会告诉家人真正状况，2004年遇难者之一，事情发生前，跟家里通话、对孩子说没问题，死之后才发现在英国怎么过。"

Discuss 讨论

为高官辩护的律师们

来源于《南都周刊》，原标题《为高官辩护》，记者郭丽萍。
原文链接：http://marry.xwh.cn/thread-6632144-1-1.html。

/ 律师
/ 高官
/ 辩护

原铁道部部长刘志军案、原上海市委书记陈良宇案、交通部原副部长郑光迪案、中国建设银行总行原行长张恩照案、中石油原总经理陈同海案……在这些高官贪腐案背后，都站着一位为他们辩护的律师。

他们要么受家属委托，要么受法律援助指派。他们为高官辩护，除了给他们带来许多同行无法企及的名气外，也让他们从一个特定的角度看到中国的司法现实。

"中国社会的法治环境还是不尽如人意的，有些高官案比较敏感，背景比较复杂，不是法律问题本身能解决的。高官案背后时常是一种权力斗争的结果，律师若想要认真地办，会面临一系列的难题和风险。"有着"中国刑辩第一人"之称的田文昌说。

业界有一种流行的说法：大案讲政治、中案讲政策、小案讲法律。

高子程代理过的高官案都是由家属委托，也由于无奈和难言之隐，中途放弃过许多大要案，如赖昌星、刘志军等。刑事案件只占四分之一，商事纠纷才是他的主业，但是仍有许多高官家属托关系找上门来。

作为刘志军的辩护律师，钱列阳说，自己已经料到，今年会是他的挨骂年。骂钱列阳的同行质疑，钱列阳没有真正地辩护，而是配合一个被"操纵"了的案子在表演；挺钱列阳的声音则认为，在当下的司法环境里，他作为辩护人已经尽力。刘志军案判决结果出来当天，钱列阳在微博上收到网友这样的提问：您被称作御用大律师，您怎么看待为坏人辩护，怎么看待御用这个问题呢？他用5个字作了回答：历史的（地）看待。

言论自由与权力边界

来源于共识网博客，作者谌洪果，系西北政法大学副教授，原标题《言论自由与权力边界：评吴虹飞因言受罚》。
原文链接：http://chenhongguo.blog.21ccom.net/?p=92。

/ 音乐人
/ 言论自由
/ 规制

女音乐人吴虹飞发了一条微博："我想炸的地方有，北京人才交流中心的居委会，还有妈逼的建委。我想说，我不知道建委是个什么东西，是干什么的，不过我敢肯定建委里全是傻逼。所有和建委交朋友的人我一律拉黑。还有我想炸的人是一个完全无节操的所谓好人。我才不会那么傻告诉你他的名字，等他炸没了上了新闻你们就知道了。"当天，她被警方带走。

有关言论自由的论述，最重要的是要根据具体情形区分其中的各种微妙边界。她以"我想炸……"为起头的所有表达，属于典型的自说自话。法治成熟国家对于这种言论，是暗中加以调查和监控，不会轻易启动法律程序的。

在言论自由的法律规制（或宪法保护）领域，大家基本达成了以下共识：只要公共利益没有遭受迫在眉睫的威胁，只要仍然有时间进行思考和讨论、相互教育提升、揭露虚假谬误，那么就应该让民主程序继续合理运作，就应该容忍发表更多的言论，而不是禁言或惩罚。

任何言论，都可能引发别人的厌恶和不满，进而可能引发社会治安问题，但是，不是说他想隔空灭了某人，某人就会灭了，这就是言论效果和行动效果的差异，这种差异也构成了保护言论自由的根本理由之一。

就吴虹飞言论事件的政府反应而言，的确有着特殊的情形，那就是北京机场之前10小时刚发生了冀中星爆炸案。所以我承认，如果仅以《治安管理处罚法》第25条的规定就这一"扬言"爆炸的不当言论作出治安处罚，具有一定的合理性。但必须强调，这种合理性仅仅是一种语境的合理性，还远没上升到紧急状况的程度。

Discuss 讨论

互联网时代隐私可能一去不复返

来源于钛媒体,作者承哲。

原文链接:http://www.tmtpost.com/61889.html。

/ 互联网
/ 隐私
/ 人工智能

失去隐私的人类未来会怎样？随着互联网的发展，从几个方面递进思考。

无隐私的数字化存在新人类诞生。几乎任何信息都可以轻松从互联网上获得，只要对方曾经出现过。换句话说，一旦你开始接触互联网，你都将交出你的隐私。你将彻底失去隐私。

建立信任成本下降。你与对方合作都已经建立在可靠的数字化痕迹上。并且这种数字化造假相当困难。1. 对产品评论的可靠性上升。2. 金融行业的透明性增加。未来的人类建立信任会从对方的数字化存在开始。

止恶，群体净化。一旦你作恶，你一定会被永久记录。因为这是人人注视人人的世界，强力的互联网相互的监视；被监视者强烈地知道自己正被监视，所以进行自我监视。在未来时代不是耶稣问你，而是所有人都会来问你，对你讨伐。人类将会群体净化。

国家也将交出隐私。互联网在本质上是话语权力放大器，使得原来的国家与媒体都乖乖坐进了监狱，而群众则成为了灯塔的看守者。

互联网，超级人工智能数据闭环。一个人工智能闭环的大数据世界注定会出现。那时的人类的数据将全部存入互联网，从社交隐私到身体隐私，无一不在。

而人工智能依托这些数据，对每一个出生的人都进行个性化"改造"，对其提供各种疾病预防，心理平衡治疗。

人类终将被人工智能的大数据圈养，这一数据闭环有赖于物联网以及超级人工智能。或许未来新人类会不无同情地说道，隐私是我们这些祖先的绊脚石。

Discuss 讨论

性工作者也可以说不

来源于《南都周刊》，作者廖伟棠，香港作家、诗人，曾出版诗集《野蛮夜歌》、《八尺雪意》等。
原文链接：http://www.nbweekly.com/column/liaoweitang/201308/33887.aspx。

/ 性工作者
/ 强奸
/ 罪

　　伤痕累累的心是否更耐磨？几年前，在香港地区街头常常见到这么一个维护女权的公益广告，配图是布满划痕的地板，看了令人心痛。它没有直指具体事件，却让我立即想起那些被侮辱和被伤害的女性。

　　2005年，香港性工作者李婉仪跳楼自杀，原因是她多次被警察凌辱、夺走嫖资、免费索用性服务，又被控恐吓、勒索、袭警及偷窃等罪名，李婉仪不堪受辱、为证清白不惜一死（据其遗嘱及亲友作证）。至今李婉仪家人和关注香港性工作者权益的团体"紫藤"多次上诉和陈情，但警方尚未公布内部调查结果。

　　"你能想象李婉仪的绝望吗？因为她是妓女，施暴者是警察，大多数人都不相信她被警察凌辱，她只有以死抗争。"我在微博问易延友教授。

　　清华法学者易延友先生在微博发布"强奸陪酒女也比强奸良家妇女危害性要小"的言论，我第一个想起的，就是李婉仪案。

　　强奸性工作者和强奸普通女人，都是违背他人意愿用暴力手段与之发生性行为。但很遗憾，无论在内地还是在香港地区，仍有大量人打潜意识里把性工作者贬低为更无价值的物化女性。

　　李婉仪的例子极端，但正因此，可以揭示在易先生逻辑下事态可以发展到怎样恶劣的地步。

　　易先生是一个著名学府的法学家，这样的话如果不收回，绝对会有更恶劣的影响。潜在的强奸犯将接收到这样的信号：强奸性工作者比强奸其他女性风险要低。

　　因为她们惯于受伤，伤害她们就因此少罪或无罪吗？甚至可以借她们的"原罪"来洗脱强奸者的罪？原来在你们心中，早已扔出了第一块杀人的石头。

我为什么憎恶心灵鸡汤

来源于豆瓣网之我名本红的日记。
原文链接：http://www.douban.com/note/303537157/。

/ 鸡汤
/ 道德

仔细观察鸡汤的目的不在于解决问题，而是换一个角度来看待问题，从而使人的负能量转换为正能量，这正是鸡汤的荒谬所在。

看一则实例，该视频由学术界的鸡汤大师于丹提供。摘抄如下：

一个大学生问："……在北京我真是一无所有，你说我现在该如何是好？"

于丹答："第一，你有多少同学想要留京没有留下，可是你留下了，你在北京有了一份正式的工作。第二，你有了一个能与你相濡以沫的女朋友。第三，那么多人请你吃饭，说明你人缘挺好，有着一堆朋友，你拥有这么多，凭什么说你一无所有呢？"

大学生："哎，你这么一说我突然间还觉得自己挺高兴的。"

大学生实际上问的是物质上的一无所有，他寻求的是怎样解决这个问题。而于丹采取诡辩的方式，答的全部都是精神上的东西。

一个人如果在其职场刚开始的时候用这样的态度来对待每一件事情，耽误的可能只是一年两年，如果一直持续下去，耽误的将会是一辈子。

看似有理有据，实则逻辑混乱。这个世界上最可怕是无知。因为道德败坏显而易见，而无知却遁于无形。一个轮奸犯会因为自己犯下的罪行而受到千万人的唾骂，而一个学艺不精的医生却很少因为自己的愚钝而受到惩罚，毕竟专业的医学知识对于普通人来讲很难判断，还有些人认为：病是自己造成的，只要医生尽心尽力，就足够了，一切只能听天由命。

这是我为什么憎恶鸡汤的原因：他们总是选择一些感性的人群欺骗。

Discuss 讨论

法律人的江湖恩仇

来源于北斗网《七星说法》，作者于轶婷。
原文链接：http://www.ibeidou.net/archives/43428。

/ 法律人
/ 法官
/ 律师

　　同是天涯法律人。2013年9月，广东省佛山市法官协会、检察官协会、律师协会及法学家代表共同签署全国首份《佛山法律职业共同体一致行动纲领》，发出8条倡议。

　　民法泰斗梁慧星老师提道："法律共同体"或者"法律人"，包括法官、检察官、仲裁员、律师、法学教授、企业法律顾问等。共有一个思维方式，就是法律思维。

　　看看强世功的精彩描述："他们是一群唯恐天下不乱的人；他们是一群虔诚的人；他们是一群神秘的人，有自己的切语和暗号，有自己的服饰和大堂，他们把鸡毛蒜皮的小事上升到神圣的原则层面上来讨论。"

　　两大门派的恩怨情仇。单说律师和法官的纠葛，恐怕就不亚于婆媳矛盾的世纪难题。佛山这份纲领仍然是在道德层面的小敲小打，无异于重申一次法律人的职业道德。最理想的关系就是这四个字：良性互动。感兴趣的话推荐阅读贺卫方的《法律职业共同体建设的困难》。

　　在中国，部分法科生会先进法院，再当律师。而美国是"先律师后法官"，几乎全部大法官均出身于律师。美国律师协会是世界上最大的自愿性律师职业组织，拥有数十万成员。其成员还包括数万名法官、法院行政人员、法律教师、公设律师、法学院学生等。建立于1878年，目的是推动法律科学、提高律师素质、完善司法管理、促进立法与裁判的统一性，并加强成员之间的社会交流。

　　哇，这不就是一个标准的"法律职业共同体"吗？如果说中国的法共体目前还停留在法学家的YY层面，那么大洋彼岸的ABA岂不是给我们提供了一个现实的模板？

荧屏中检察官的面孔

来源于法律博客"一头特立独行的猪"，法律读库转载此文系来自微信公号"法律读品"。
原文链接：http://molion.fyfz.cn/b/776982。

/ 检察官
/ 法律职业共同体

美国检察官多以律师的对立面出现。检察官的形象"不失不过"，除却专写检察官的《哑女检察官》、《长毛检察官》、《律政狂鲨》等影视外，检察官的内心戏一般都较为薄弱。

韩国检察官的"霸气"。韩国影视圈酷爱检察官。《朗朗的检察官》中风度翩翩的白马王子，《检察官公主》中刚柔并济的红颜斗士，有《公众之敌》中冷酷的动作英雄，甚至还有化身为吸血鬼、使用超能力维护正义的《吸血鬼检察官》。共同点都"霸气"——检察官或指挥警察侦办案件，或抗衡政治大佬。韩国在司法权配置上对检察权的重视，也决定了检察官在民众中的深刻印象。

港台地区检察官的"双面"。只在元彪主演的《执法先锋》中发现检察官主角（香港亦称"律政人员"）的身影。检察官既是政府化的，又是律师化的，很难按大陆法系的划分方式分类。台剧难觅检察官的形象。但在报端，检察官却是一个高频词汇。尤其是在震动全台的政治事件中，检察官形象非常立体。

大陆检察官的"主旋律"。在1981年，上影制作了《检察官》。由老一辈的艺术家李默然担纲主演，剧情紧张，其服装道具、法律理念颇具历史价值。至千禧年后，《飓风》、《远山》、《主诉检察官》等，数量上远远超出于法院系统。除却《你是我的兄弟》采用偶像演员外，其他官方性质较浓。较之《秋菊打官司》或《律政俏佳人》等，仍差距较大。

好莱坞对法律职业体的"脸谱"化处理，是职业共同体高度专业化的印证。中国公检法的形象则有些含混。

Discuss 讨论

亚洲"教父"面面观

来源于《经济观察报》，作者林行止，本文系《亚洲教父》一书的序言，发表时有删节。
原文链接：http://www.21ccom.net/articles/tgjj/ganao/2013/1031/94565.html。

/ "教父"
/ 自由地区

1997年创办《中国经济季刊》（CEQ）的史塔威尔，自20世纪80年代开始在亚洲（主要是香港地区和北京）从事新闻工作。2007年出版的《亚洲教父》颇有可观性，书中所提及的大部分亚洲"教父"，与黑社会教父完全不同。

东南亚国家官商一体裙带关系之深，港官港商不能望其项背，他们中不少真的像《教父》中的黑社会头目，最臭名昭著的是苏哈托次子汤米。他于2000年（乃父1998年下台）在狱中指挥"门客"，成功暗杀判他有罪的法官而再加十五年刑期。但他有怨无悔，2003年派出手下由警察开路捣砸刊登其罪行的流行杂志Tempo并殴伤多名记者。

史塔威尔指出，亚洲超级富豪较有兴趣的生意是港口码头、电信服务、公用事业、赌博娱乐和物业发展，共同特点是有专利或只有少数竞争者，较易组成卡特尔，进而财源广进。

香港多年来被"选"为世界最自由地区，不少熟悉港情者感到迷惘，因为在实际商业运作上，许多重要行业都受管制成为既得利益集团的"独家生意"，一般商人甚难加入，市场基本上不自由，而这正是推动市场自由化的"亚洲共同市场"在亚盟多年努力后仍未"成孕"的底因！

史塔威尔书中指出"教父"们最热衷标榜"出身草根，童年过非人穷困日子"，说法太夸张、失实。香港大学前校长王赓武揭穿了众多富豪为彰显自我奋斗，编造"感人故事"故意贬低出身不尽不实的说法。

东南亚"教父"令其西方"同行"难以理解的还有"好名"之心甚切，对名誉学位及皇室、土皇帝或政府的赏赐，不惜千方百计争取，头衔多多。"教父"们"选择性节俭"，不少仍住在古旧豪宅（多半是身教示儿孙，还有风水问题）。

"教父"虽然富可敌国，史塔威尔却认为他们无论在企业管理和发掘及利用人才上，并无垂范后世的建树，那等于发大财却在社会层面无法"立品"。据史塔威尔的分析，"教父"只知道设法获得专利，然后削减成本，提高边际利润率和绞尽脑汁交纳最少的税款，与西方社会企业家在自由市场下竞争因此必须培养、聘请一流人才拓展市场进而对商业社会作出贡献，大不相同。

赔偿不能沦为"买刑"

来源于《新京报》，作者徐明轩，法律工作者。
原文链接：http://www.chinanews.com/fz/2013/11-05/5464122.shtml。

/ 赔偿
/ "买刑"

郭玉驰作为国家公职人员，犯下奸淫4岁幼女的兽行，难道不该严惩？一审时既不道歉，又不赔偿，再审时才提出15万元的赔偿，被告人是否真诚悔罪？

云南省大关县原县机构编制委员会办公室主任郭玉驰一审被判处5年。上级人民检察院提起了抗诉。

在再审开庭之际，受害幼女的家长不得不面对艰难的抉择：接受15万元的和解赔偿。此前的一审中，受害家庭一分赔偿金都没有拿到，而这次他们不得不选择"拿钱和解"（据新华社）。

受害家庭为拿到远不足以弥补自身损失的15万元赔偿金，就要被迫"谅解"凶手，问题出在哪？

首先，赔偿范围过于狭隘。最高人民法院出台《关于刑事附带民事诉讼范围问题的规定》彻底将"精神损害赔偿"排除在刑事附带民事诉讼的赔偿之外。心理创伤很难体现为"物质损失"。2013年10月，最高人民法院、最高人民检察院等联合发布《关于依法惩治性侵害未成年人犯罪的意见》，也未将精神损害赔偿纳入性侵案的附带民事诉讼赔偿内。

其次，如何杜绝刑事和解沦为"花钱买刑"。受害家庭可能不得不接受刑事和解；但这15万元不是"恩赐"，是受害幼女家庭应得的。经济赔偿是真诚悔罪的应有之义，如果当事人以降低刑罚标准作为赔偿的条件，就违背了刑事和解的前提条件。

最高人民法院刑五庭庭长高贵君在回应"花钱买刑"问题时说：将赔偿与量刑相联系，应满足3个条件：适用范围上有严格的界定，主要适用于因婚姻家庭矛盾等民间纠纷引发的案件；综合考量被告人的犯罪性质、情节等；被告人是否真诚认罪、悔罪，被害方是否予以谅解。

Discuss 讨论

雾霾双城记
——19世纪伦敦与21世纪北京

来源于财新网,作者 Heidi Strebel,瑞士洛桑国际管理发展学院(IMD)全球 CEO 中心研究员;Jean-Pierre Lehmann,瑞士洛桑国际管理发展学院(IMD)国际政治经济学名誉教授。

原文链接:http://international.caixin.com/2013-12-09/100615242.html。

/雾霾
/空气
/污染

"空气启示录"（Airpocalypse）这个词已适用于北京：几乎看不到的天际线、戴口罩的市民。污染指数一度超过了"危险"级别，达到"指数外"，这显示出了问题的普遍性和危害。21世纪的北京就像是19世纪的伦敦——它们都是其时全球崛起速度最快的工业国家的首都。

英国的户外空气污染，并不只发生在维多利亚工业时代的英格兰，或是狄更斯笔下的伦敦。令人窒息的"黄色烟雾"长时间地笼罩伦敦。1952年的伦敦烟雾事件夺去超过12000条生命。因此，西方国家在污染水平方面指责中国（及其他新兴经济体）的时候应该十分小心，因为他们冒着使用双重标准的风险。

世界银行称，由于空气污染引起的疾病和死亡，中国每年损失了GDP的2%~3%。据《全球疾病负担报告2010》，2010年早逝人群中，户外空气污染是120万人死亡的主要致病因素。

有观点认为，各个国家的发展都需要经历工业化的"肮脏"阶段，只有这样它们才能达到一定的繁荣程度。随后，回报刺激、公众需求以及金融、技术手段才能共同发挥作用，将污染水平降低。肮脏理论被命名为"环境库茨涅兹曲线"（以下简称EKC）。过去十年中，EKC广受批判。

最大的问题是，实证研究的结果并不能确定人均收入和污染水平之间有直接因果关系。

一定的经济增长水平达成之后，并不会自动带来环境质量的改善。只有通过投资、政府监管和人们行为的改变才能实现，而不是通过增长本身。

北京居民呼吁政府采取行动、减少户外空气污染。本土精英学校和国际学校正在投资新的基础设施，例如，北京顺义国际学校投资570万美元建造大型室内体育馆。

对付雾霾的最后一道防线，是自己离开。正如富裕的伦敦人回到乡下老家一样，越来越多的中国富人和外国定居者也干脆离开了北京。

伦敦的污染绵延了超过一个世纪。而北京不能再承担如此长时间的污染——那对北京乃至整个地球都将是一场灾难。我们更应该加强合作，认识到经济发展与环境损害及毁灭脱钩的迫切性，并采取适当的措施。

北京污染故事的下一章，将是我们这个时代最关键的叙事之一。它决定着我们将居住的这个地球；也决定着我们会留给子孙后代的那个地球。

Discuss 讨论

一个孩子到底该值多少钱

来源于虎嗅网,作者伯通。

原文链接:http://c.blog.sina.com.cn/profile.php?blogid=611433b389000m96。

/ 儿童
/ 童工

儿童，就在不太久远前还是可以计算成本的劳动力。

在14~15世纪的欧洲，儿童很早就去当学徒。在法国，如果孩子死得"太早"，很可能直接埋后院里。英国曾经吊死过3岁的孩子。

儿童被当成生命，是因为医学进步，孩子夭折不可避免的观念渐渐消失。

工业时代到来，每8个孩子中就有一个被雇佣。工厂敞开大门欢迎"敏捷的小手指"来操纵"巨大的节省人力的机械"，1870~1900年，美国新增了100万童工。

1896年，一个7岁的女孩意外死亡，法官根据从她死亡到成年期间劳务所得减去生活费用，得出赔偿金1000美元。

当人均国内生产总值达到5000美元时，童工现象就会自然消失。美国1938年才禁止使用童工，其人均收入超过5000美元，家长不必再靠孩子打工。

据印度的报告说，一些贫穷地区的最佳政策是允许儿童在上学时也做一些工；在秘鲁的研究也趋于证实这一观点。

如果强行禁止童工，孩子们要么挨饿，要么去做更可怕的工作。1993~1994年，美国零售商要求禁止童工生产，这些儿童的大多数被迫转向卖淫和焊接之类。

一位美国经济学家说，他将会继续购买包含非洲童工劳动的产品，因为他的不购买行为可能使得一个非洲童工死去。

被媒体曝光的，那些在深圳打工的彝族孩子，值多少钱？

你可以说值2000元，这是他们的月工资，相当于他们父母一年的收入。也可以说值一顿米饭和肉，因为被记者曝光后，他们只能回家继续吃玉米和土豆。

Discuss 讨论

法律人要不要来北上广深打拼

来源于微信公号"法秀",作者胡清平。
原文链接：http://www.aiweibang.com/yuedu/qita/259432.html。

/ 法律
/ 诉讼

十四年前，我从机关辞职，来到北京，建立了中国第一家网络法学院。

2001年，第一次创业失败后，我注册了lawspirit.com这个国际域名。Lawspirit这个名字来源于《论法的精神》(The spirit of law)。

法律的形式在于文字和语言。我想建网站，帮助国内的法律人学习法律英语。法学家江平说，中国的法治还是一个鸟笼法治。我希望Lawspirit法学院能成为"鸟笼"的某一个窗口！

在2002年年底，编写了几个法律英语的学习软件，放在网站上卖，Lawspirit便有了收入。我找了代理公司，把法律英语学习软件进行评估，把高科技公司注册下来。

毕业的时候，老师告诉我，前10年，尽可能地多尝试一些事情。我一直记得这句话，先是做程序员（从文科转向理科），然后做法律网站、法律猎头、法律翻译、法律英语培训，差不多都是国内第一个做的。

这十年，我自己就是一个典型的中国商人，但通过一个lawspirit网站，为中国成千上万的法律工作者提供了无穷的信息、讲座和培训，旗下的lawspirit法律翻译社，为客户翻译了近亿万字的法律文件，大大加强了中外法律文化的交流与沟通。所以北漂的这十年，我基本实现了语言驱动法律的梦想。

世间最简单的事是坚持，最难的事也是坚持！接下来的十年，我开始第二个梦想：技术驱动法律！如何通过技术变革一家律师事务所，如何重新定义诉讼。用怎样的招聘体系发现诉讼天才。研发两个革命式的产品：诉讼图表集训营和出庭集训营。

总体来说，这些年一直过着还算自由的生活，从农村到城市，苦过、累过、痛并快乐过，但从未后悔过。

送礼天才谷俊山

来源于新浪博客，作者潘采夫。
原文链接：http://blog.sina.com.cn/s/blog_61e202850102eiog.html。

/ 送礼
/ 行贿

朋友"十年砍柴"说，濮阳六百年来，除了明朝一对户部尚书父子，谷俊山可能是最大的官了。

谷俊山的学历大约是初中没上完。军队流行三产，谷俊山主动报名去了服务公司，找门路搞到中原油田的石油指标低买高卖。搞石油不仅让单位发了财，也让谷俊山掘到了人生第一桶金。谷俊山上调济南军区，司令入职中央军委后，谷俊山也进入总后勤部。

老百姓只知道谷俊山去东北时是战士，回濮阳时是副营，离开濮阳是正团，离开济南是师级，到总后负责营房，再到总后副主任就成了中将。这样低的起点，这样的升迁速度，不知在军队中有没有第二个。

濮阳人把谷俊山称作送礼天才，他看上去有点窝囊，但有眼色会来事，能放下自尊弯腰巴结，没人把他当成对手，用起来又很顺手。最厉害的是谷俊山送礼有门道，他不坏领导的事，他给更高层级送礼，让领导先升上去，这样他自然也就升了。谷俊山擅于用送礼的方式，把领导和他绑在同一条船上，这样他就安全了。坊间流传故事，谷俊山还是校官的时候，就想办法上了国防大学的将军班，全班只有他一个人不是将军，他并不是去学习的，他成了全班"同学"的勤务员，也顺利搭上了一些牛人。

谷俊山有点像另一个濮阳老乡——战国时期的吕不韦，这位把国君和国家当成买卖的生意大师，靠行贿把嬴政送上高位，虽然最后死于非命，也算在历史上写下了自己的名号。谷俊山有点像山寨吕不韦，只可惜没文化，缺少心胸格局，落得个窝囊下场，为世人所笑。

Discuss 讨论

流失的年轻法官

来源于经济观察网，作者沈念祖。
原文链接：http://www.eeo.com.cn/2014/0222/256512.shtml。

/ 法官
/ 律师

第一次站在律师席位上的李志，看到穿着法袍坐在台上的昔日同行们，心里说不出个滋味。

数据显示，北京市法院流失人员占同期招录数的 16.9%。特别是自 2014 年 7 月起，将有大批法官"五年服务期"到期，预计未来每年将有超过 200 名法官离职。

名校毕业的李志们被推到审判第一线，工作强度超乎正常量、晋升空间狭窄、职业荣誉感下降、薪资水平与普通公务员相当，这些都让他们萌生离意。

李志的答案是，自己是在物质和精神都没有达到追求的状态下无奈离开。由于案件成几何级数上升，李志差不多一年要审理 300 多件案子。随着青年法官集中大批量地进入法院，竞争压力越来越大。2007 年到 2013 年，工资从 2000 多元涨到了近 5000 元，但北京房价已经从均价 1 万元直逼 4 万元。

法院工作的五年多时间，让他从仅仅懂得书本法律知识的年轻人，变成既懂知识又懂实践的法律人。"我一年审判 300 件案件，三年就是 900 件案件，而多数律师一生都不可能办 900 件案件。"在不少同龄法官眼中，"法院培养"更像是一块完美的跳板，"一是拿北京户口，二是攒工作经验"。

为稳定法官队伍，北京市各级法院的领导们想出各种撒手锏挽留法官，打人情牌、给荣誉、提职称等。

出走的李志，如今在物质层面得到了一定的满足，但是精神层面他还有更多追求。"毕竟律师和法官有所区别。律师所代表一方，更像竞技平台上的斗士，而法官更容易得到社会尊重。"

流泪的检察官

来源于共识网，作者范子平。
原文链接：http://www.21ccom.net/articles/rwcq/article_20140410104136.html。

/检察官
/定罪
/法院

在为张高平、张辉叔侄俩申冤的过程中，张飚多次流下泪水。

被诬为"强奸杀人犯"定罪判刑，对蒙冤人及他的全家都无异于地陷天塌。张高平沉冤昭雪回到家乡时，"看着母亲的屋子，一路都没流泪的他还是哭了。"他的老母亲早就"苦瞎了双眼"，后来又不幸去世。感慨万千的群众也流下了眼泪。但检察官张飚和张氏叔侄非亲非故，他为他们流的眼泪尤值得一说。张飚提到张高平身上烟头烫伤的痕迹时就说："对那些刑讯逼供的人，要依照法律来处理，不能同情这样的人，他们应该被清除出政法队伍，我们的队伍这样的人越少越好。这样的人只能害人、害国，危害我们一方水土。"号称"女神探"的全国三八红旗手聂海芬不仅能力欠缺，而且也并不敬业，在以后审讯杀害大学生吴晶晶的嫌疑人勾海峰时，尽管作案手法高度相似，且DNA高度吻合，仍放过这一重大线索。

张飚小时候被冤枉过。"邻居的西红柿被偷了，有人说是我干的，我的眼泪夺眶而出，我知道被冤枉的感觉特别痛苦。""这种痛苦感，终生难忘。"

案件经一道道程序审结后，翻案已成烦琐复杂的难题。然而，他说："如果作为法律工作者我都放弃信心，这跟我的工作就背道而驰了。"如果说，他为张氏叔侄冤案平反奔走呼号是尽一个检察官的职责，那么退休后还要一管到底更是坚守做人的良知。他"很焦虑"，"一直挂念着这个事"。他发短信给律师："谢谢你发来让我流出泪水的信息。"

得到浙江省高级人民法院终于改判张氏叔侄无罪的消息，这个62岁的退休检察官哭了。

Discuss 讨论

法律如何看"舌尖上 N 宗罪"

来源于《南方周末》，作者徐贲，加州圣玛利学院教授。
原文链接：http://www.infzm.com/content/91596。

/N 宗罪
/法律

　　《舌尖上的中国》引发了国人对不同地区物产探求的热潮。考虑那些美食中"食材"的不幸遭遇与悲凉感受，怒诉"舌尖上 N 宗罪"！

　　蜂蜜——强拆与非法用工的成果。蜂巢被"强拆"了去，无数保卫家园的蜂兄蜂弟被"围殴"，死伤无数！几十万蜜蜂被囚禁一处，完全脱离劳动法的保护。

　　跳跳鱼——绑架很有技术含量。东海边的跳跳鱼，自从不经意间成为美味食材的种类后，就再难安全地出门散步了。只要八分之一秒，一条白白胖胖鲜活无比的跳跳鱼就被拦腰捉走了。

　　香菇——从跟踪狂到采"花"大盗。小花菇踏上成为"干尸"（香菇）的不归路。从出生到长成连续惦记 8 个月，这样的"变态"跟踪，谁能吃得消！

　　从《舌尖上的中国》播出两三天，西藏的野生蜂蜜已订出了 2000 多份的事实来看，"舌尖"体现出的毁灭性力量也不容小觑。

　　4 月 22 日，十二届全国人大常委会将那些从市场购买珍贵、濒危野生动物来吃或到餐馆专门点吃的行为，与走私、贩卖等行为"一视同仁"，最高可处以 10 年以上有期徒刑。

　　许多国家法律中并没有相关禁食野生动物条款，但这和相关国家的饮食文化有密切关系。例如，英国人忌吃野生动物，美国人不吃野生动物，猫狗更属宠物或家庭成员，怎么可能吃掉。

　　德国法律明确规定了"动物福利"。在鱼出水前要将鱼瞬间处死，以尽量减少活鱼的痛苦。如果有人执意要把活鱼带回家，必须去药店买一粒"晕鱼丸"，"晕鱼丸"可让活鱼在几秒钟后被麻醉而昏睡，此时便可进行人道宰杀。

复旦学生何错之有

来源于腾讯·大家，作者刘波，财经媒体人、译者，译作有克鲁格曼《一个自由主义者的良知》等。
原文链接：http://dajia.qq.com/blog/397453052954112。

/ 法盲
/ 法律
/ 道德

2014年仅有28岁的林森浩因涉嫌于2013年投毒杀害同寝室的黄洋，被一审法院判处死刑。复旦大学117名学生联名签署求情信。一时之间，"脑残""法盲"等指责纷至沓来。

这些复旦学生是否有求情的权利。回答当然很明确，复旦学生有权向上海高院写信求情。但是，这铺天盖地的"法盲"指责之中却反映出了一定的具有普遍性的东西：民众的法律认知。

"懂法"者值得尊敬，但也担有更高的遵守法律的道德义务，这从"知法犯法"这个词蕴含的加深负面评价中就能看得出来。所以，当批评者看到求情者之中有不少"甚至是"法学院的学生时，对其"脑残"的评价就加剧了。"法盲"这个激烈的言辞，代表着一种强烈的道德上的负面评价。

讽刺的是，在这件事上，复旦学生的做法符合法律。源于"无知"的行为冥冥中却与法律精神若合符契。大部分的法律，都不应是制约性的天花板，而是为公民的自由护航。

人们在生活中的这种博弈，也会推动法律本身的演进。人人都有权以平等的资格参与对法律问题的讨论，对复旦学生"法盲"的批评，也是以一种方式介入法律讨论。我们需要更多勇敢无忌的"法盲"，冒着被嘲笑、辱骂的危险，勇于做一些他人畏于控制性法律的"威严"而惮于从事的事情，就像这次复旦学生的做法。这种意义上的"法盲"，其实将为法律的"祛魅化"和法治空间的扩大作出贡献。

Discuss 讨论

十年一觉思怡梦，百年不尽儿童泪

来源于新浪博客，作者陈岚。
原文链接：http://blog.sina.com.cn/s/blog_573e68a70102e43g.html。

/ 福利保障法
/ 虐待

2003年6月21日傍晚，成都，李思怡，三岁的她，变成了一具小小的尸体。她的母亲被逮捕戒毒后，没有人去关照这个小女孩。

十年。南京，江宁，2013年6月20日，两个小小的孩子，已经化为干尸。一个一岁，另一个四岁。在一个半月前，她们终于沉寂。

欧美拥有成熟而健全的儿童福利保障法。如果教师、社工、医护人员发现儿童有被虐待的痕迹而没有报警，会被追究相关责任，报警成为了一种责任而不是义举。《刮痧》那部电影里也清晰地呈现，儿童保护"宁枉毋纵"，因为可能是以一个孩子的生命为代价。

而在本土，我们高声歌颂接住坠楼小孩的快递哥，谴责不负责任的监护人却成了不和谐之音，而一转身，昨天，又一个六岁男孩，就从家中阳台坠下。

1889年，英国出台了《预防虐待儿童和保护儿童法》，被称为儿童保护第一个黄金时代的开始。议员洛克是一个人道主义者，最初他致力于推动动物福利的保障，并为此在议院中痛打他的反对者，并呵斥："你是人类，可以喊叫疼痛，而动物不能！"他促成了世界上第一部动物福利保障法。随后，一起严重的虐童事件进入他的视野，一个养女被残酷的养母虐待，法律和警察却束手无策，洛克在法庭开庭时，以一袭斗篷裹住那个遍体鳞伤的孩子，走进法庭，将孩子呈放于法官面前："我请求援引动物保护条例，对这个动物进行保护。"舆论哗然。之后，儿童福利保障成为严肃的议题。

还要流多少孩子的血，中国人才能有一部《儿童权利保障法》？

谁是坏律师

来源于影响力中国网，作者叶竹盛。
原文链接：http://www.impactchina.com.cn/fazhi/fazhier/2013-10-26/33831.html。

/ 律师
/ 主张
/ 标准

近日多省律协接到上级通知，"极个别律师串联、抱团、死磕、恶意炒作、触碰政治法律底线……等行为"，要求各地进行调研，尤其是对"个别问题严重的律师"如何加强"有针对性的措施"。

最近的两起案件，"李某某强奸案"，"夏俊峰案"。一些律师的公众形象从"李庄案"时期的"崛起的法治力量"，迅速坠落成了名利场上的跳梁小丑。业界除了对李在珂的言论呈一片倒的批评态势外，在其他争议方面，并未达成共识。

定位表述从国家到社会再到服务具体的当事人，中国律师的法定"身份"越来越接近现代法治社会对律师的定位。然而，这并不代表律师的定位因此就明晰了。

以往司法行政部门根据新《律师法》中律师的第三项职能"维护法律的正确实施"所做出的解读，也不过是"协助法院查清案件事实"。既然犯罪嫌疑人不愿意出钱请律师来推动法治，那么他们更不愿意花钱请律师来帮忙司法机关"准确打击"自己。

"死磕派律师"中的大多数认为，他们应当以当事人利益为上，死磕法律程序，确保当事人的合法利益。而另外一些律师则可能更看重这个职业"维护社会正义"的属性，力图推进制度进步，超越个案，实现更大的公义。

这种认知上的差别，直接导致了衡量"好律师、坏律师"的不同标准。栾少湖还是坚持律师的专业主义立场，"律师可以为各种人辩护，但是律师必须清楚认识到，自己是代理人，不能用自己的政治主张，或者用委托人的政治主张，来影响依法辩护和依法死磕"。

Discuss 讨论

情妇的罪与非罪

来源于《方圆》杂志，作者张羽。

原文链接：http://www.fyfzw.cn/a/fangyuan/2013/2013/1206/53708.html。

/贪官
/腐败
/犯罪

贪官情妇在公众视野里大都因具备了绯闻八卦价值而被热炒，但却甚少出现在严肃的法律法规或者起诉书、判决书上。

与社会大众不同，法律专业人士大都一再强调"情妇"并不是一个严谨的法律词汇。要结合实际情况来具体分析，北京市海淀区人民检察院反贪局副局长罗猛认为。

第一种角色是充当了腐败案件的背景板，情妇本身并不涉及犯罪；第二种角色则是充当了助手，涉及一些周边罪名，例如帮助官员隐瞒犯罪所得、腐败案件发生后帮助其隐匿等；第三种角色可能会涉及贪污罪、受贿罪等。

2007年7月，《关于办理受贿刑事案件适用法律若干问题的意见》明确了特定关系人系指"与国家工作人员有近亲属、情妇（夫）以及其他共同利益关系的人"。"情妇"一词首次出现在严肃的规范性法律文件中。

南京市建邺区检察院副检察长薛薇撰文提出疑问："情妇（夫）"并非法律术语，在证据上如何证明？一旦犯罪嫌疑人矢口否认，就几乎无法证明这种关系。

"特定关系人"司法解释出台初期曝光过一些案例，而后公开的并不多。一方面是"特定关系人"并不是一个单独罪名，一般只是作为检方起诉或法院判决的一个依据；另一方面则是有不少司法实践工作人员认为不需要使用"特定关系人"司法解释，也可以将情妇定罪。

对于司法实践来讲，"情妇在诸多腐败案中是重要诱因，但作为主要的犯罪原因则有失偏颇"。罗猛认为，"毕竟情妇关系触及了社会道德底线，不可能公开化。共同犯罪的基础更多的还是夫妻、儿女。"

哪里最腐败

来源于《经济观察报》，作者沈念祖、周伊雪。原标题《哪里最腐败？——腐败与地区、企业的关系》。
原文链接：http://www.21ccom.net/articles/zgyj/gqmq/article_2014011999242.html。

/ 腐败
/ 管制

2013年，全国各级纪检监察机关立案17.2万件，处分县处级以上干部6400多人，比2012年同期增长36.3%。

区域腐败排行榜。中国人民大学聂辉华教授用"每万名公职人员的贪污贿赂立案数"来衡量一个地区的腐败程度。多数是东南沿海省份和中西部省份，福建、贵州、浙江等位居前列。

聂辉华认为，腐败和经济发展并不是正相关的。有市场化提供的腐败机会，但还没有有效的约束机制，腐败就会滋生。

不过，学界对于使用"每万名公职人员贪污立案数"度量各省腐败程度一直存疑——反映的更多是反腐败的力度，而不是腐败的程度。

区域腐败对谁影响最大？当"每万名公职人员贪污立案数"超过大约5件时，地区腐败程度将会对企业产生纯粹的负效应。在全国1/3的省份超过了这一临界值。

地区腐败程度对国有企业的全要素生产率没有产生显著的影响。而为什么私企能够受益？原因之一是管制。国企通过合法的方式影响政府政策，使其利益得到制度化的优先保证。民营企业，其更可能通过腐败的方式去规避产业管制，获得额外收益。从表象看来，腐败对民企产生了正效应。

去除管制是反腐的重要举措。"八项规定"出台后，抑制公款消费，食品、旅游及服务业等遭遇"寒流"。节约的这些公费或许可以变成民间的消费力量。

减少管制，才是根除腐败的正确之举。去除无效率的管制，对于民营企业会更有利，民企可以节约很多寻租成本。

Discuss 讨论

法律不理琐事吗

来源于爱思想网，原文载于《法制晚报》。作者王利明，中国人民大学党委副书记、副校长、教授、博士生导师，国务院学位委员会法学学科评议组成员兼召集人，中国法学会副会长，中国法学会民法学研究会会长。

原文链接：http://www.aisixiang.com/data/71706.html。

/ 法律
/ 琐事

法谚有云："法律不理琐事。"

在物权法制定过程中，业主深夜遛狗影响邻居休息、空调噪声和滴水影响邻居正常生活，是否有必要作出规范？经过反复讨论，在正式颁行的物权法中删除了这类规则。

在澳洲，大巴司机告诉大家：根据法律规定，车上禁止抽烟、禁止吃东西、禁止站立说话；每位乘客都必须系好安全带。此外，每到一站，司机都要记载其工作时间和汽车的行驶状况。

司机告诉我，澳洲法律禁止在公共场所抽烟，大巴车内也是。禁止在车内吃东西，是因为食物残渣可能引诱昆虫，影响乘客的健康。站站记录，是因为司机每天最长驾驶不超过十个小时。

司机回答道：是法律规定的，大家都得听从。

什么是琐事？实际上，抽烟、吃东西等都关系到乘客的健康和人身安全。法官莫尔说"人类生命和肢体的价值不仅属于他个人，而且属于整个社会"。

解决乱闯红灯这一顽疾，在很多人看来，由法律来管有点小题大做。但如果查看全国统计数据，就会发现，闯红灯而发生的道路交通事故以及人身伤害令人震惊。

如果琐事事关生命健康，就不再是琐事了。例如，一定年龄以下的儿童乘车必须配置儿童座椅，监护人不能让未达到一定年龄的未成年人独处家中，不能随便向车外抛掷杂物，等等。

这些琐事需要由法律作详细规范。再回头思考深夜遛狗、空调噪声和滴水等"琐事"时，如果我们以法律来禁止这些行为，这既未给深夜遛狗人和滴水空调主带来什么大的负担，也保护了他人的生命健康，何尝不可呢？

主持正义的成本核算：
是什么把人民变成了懦夫

来源于《读者》2014年第7期，作者鲍鹏山。
原文链接：http://blog.sina.com.cn/s/blog_5e1b2f9d0102e7na.html。

/ 正义
/ 成本

在潘金莲毒死武大郎后，第二天早晨，虽然邻舍坊厢来吊问时，明知道此人死得不明，却不但不敢质疑潘金莲，反而都装糊涂，用人情话安慰潘金莲。

何九叔是入殓师，承担着相当于今天法医的职责，他要对一个非正常死亡的人出具相关证明，并为此负责。这正是王婆担心的。

但是，西门庆不担心，他只用十两银子就搞定了何九叔。其实，何九叔不是贪十两银子，他是怕西门庆。西门庆只是用这十两银子暗示何九叔：这事是我的事。你要是不明白这个事，你就摊上事了。

两个原因：一个原因，西门庆是个刁徒；另一个原因，西门庆把持着官府。

在家里，何九叔悄悄告诉老婆："武大郎是中毒身死。我本待声张起来，却怕他没人做主，恶了西门庆，却不是去撩蜂剔蝎？"老婆便道："你到临时，只做去送丧，张人错眼，拿了两块骨头，和这十两银子收着，便是个老大证见。他若回来不问时，便罢。却不留了西门庆面皮，做一碗饭却不好？"

可怜的武大郎，他的性命就做了何九叔夫妻的一碗饭了！

当人们主持正义却要冒砸了饭碗的风险时，人们往往选择饭碗而丢弃正义。对利害的考虑总是压过是非的判断，这是一般人性。假如他们得不到保护，独自主持正义的成本太高，他们只能选择沉默，成为罪行和恶人的同谋。

问题是：是什么把人民变成了懦夫？

答案是：成本核算。当一个人为了主持正义，却不得不付出不该付出的代价时，这个社会的大多数人就变成了懦夫。

Discuss 讨论

法官检察官"下海"之惑

来源于《凤凰周刊》，作者殷巍。
原文链接：http://www.21ccom.net/articles/zgyj/fzyj/article_20140326103126.html。

/ 法官
/ 检察官
/ 腐败

根据北京市高级人民法院院长慕平提供的数据，近年流失法官数量超过了一成。慕平说，离开的法官大部分经验较丰富，能力较强。离职原因主要包括：工作压力大，职业风险高，待遇相对低，晋升空间少，职业荣誉感下降。全国政协委员、律师刘红宇同样把"压力大，待遇低"列为最主要原因。

律师朱孝顶表示，有法官和律师双向流动是"好事"："如果做一个好法官，只这么一点死工资，而当律师后办理一两个案子就是过去一年的收入。"但他认为，职业荣誉和职业道德的因素更不容忽视。浙江大学光华法学院教授翁晓斌提及"无法独立办案"也是法官离职的一个重要因子。

黑龙江律师迟夙生则表示："大批法官、检察官离职"是个伪问题，"我知道每年有大量通过了司法统一考试的毕业生无法进入法官队伍。

有愿意出来的出来，有愿意进去的进去。别拿6000多人数字忽悠着要涨工资！"

从律师中遴选法官，是外国通例。"当法官是法律人的最高职业目标和荣誉。"迟夙生建议，法官、检察官应从律师中产生。自2001年《法官法》、《检察官法》修订以来，已经吸收了一批优秀的律师出任法官和检察官。"现在却出现了不当法官当律师的现象，这个问题值得深思。"

朱孝顶从另外一个角度支持法官转行为律师："如果有大批优秀法官离职，可以倒逼国家加强司法公正。"

刘红宇说，离职法官当律师有两个腐败的"优势"：一为通过以前的资源揽案源，二为通过以前的关系影响判决，"这是我们要警惕和坚决反对的"。

中国需要什么样的法律人

来源于共识网·思想者博客，作者羽戈，2014年5月7日《中国经营报》，原标题《中国需要什么样的法律人？——致一位法学院的学生》。原文链接：http://yuge.blog.21ccom.net/?p=221。

/ 法律人
/ 法治

　　说起来，答案十分简单：法律人的底线就是坚守法律，中国最需要坚守法律的法律人。坚守法律，对一些法律人而言是本分，是底线，对另一些法律人而言，不啻是高贵的上限，是天空的穹顶，纵其数十年法律生涯，都无法抵达。当前者遭遇后者，便成就了悲剧。

　　我在你这个年纪，常为一些宏大的词语而慷慨激昂、热血沸腾，那时你若问我：中国需要什么样的法律人？我必定回答：需要追求正义的法律人，需要主持公道的法律人，需要推动中国转型的法律人！如今，我想，我还是不会反对你成为这样的法律人，不过在成为他们之前，你得做好一点：坚守法律。

　　坚守的本质即践履。我一直以为，中国法治建设最急迫的问题，不在立法，而在执法。倘使中国的法律人，尤其是执法者，都能做到这四字，那么法治梦便非遥不可及。如果你能认同，坚守法律是法律人的底线和本分，中国最需要坚守法律的法律人，那么你所关心、忧虑的种种争论，当可化解于弹指之间。

　　我想起了美国联邦最高法院霍姆斯大法官的一段话："我知道我不是上帝，因此，当人们……要干一些我从宪法中找不到任何东西明确禁止他们这样做的事时，我就说，不论自己是否喜欢，去他妈的，让他们折腾去吧！"

Discuss 讨论

做印度人还是中国人好

来源于《单向街005》，广西师范大学出版社。作者帕拉维·艾亚尔，《印度教徒报》驻北京记者，已在中国工作5年。她的著作《烟与镜：亲历中国》一书在印度颇为畅销，她也因此获印度普莱姆·巴提亚最佳新闻成就奖。

原文链接：http://bbs.tiexue.net/post2_7143150_1.html

/ 法律意识
/ 民主制度

　　与娄亚（音译）和我家附近公厕的保洁员聊过之后，我想到了印度那些可怜的女佣；我对于中国最底层的人仍享有相对的尊严感到惊讶。

　　中国社会仍然存在着根深蒂固的反理性倾向，缺乏对思想的热爱，缺乏争辩本身所带来的快乐。然而，当我回到德里待上几天，立刻又开始渴望回到北京，在那里，女人可以驾驶公共汽车，而且不会有一群性饥渴的年轻男人不停地盯着看、小声嘀咕。

　　通过必要的私人渠道弥补了公共产品的匮乏之后，在印度你就可以随意享受讨论"印度理想"的本质所带来的思想上的快乐。但如果出身贫寒，我就愿意在中国碰碰运气，我更有可能吃饱穿暖有房子住，向上跨越社会经济阶层的机会相对要大。

　　法律意识得到了显著的增强。中国人所说的维权运动势头渐猛，互联网提供了公民社会兴起的聚焦点。不过，不同于过去一味的打压，政府在策略和目标方面，已经能够更好地处理新技术进入政府和公民互动关系后所带来的复杂性。

　　一条"深刻见解"是，印度擅长做软件，中国擅长搞硬件。结论看来就是印度应该修路，中国应该建立民主制度。中国和印度其实像镜子一般映照出彼此的成与败。

　　中国经济改革的社会基础在文化水平、平均寿命、妇女权利以及对待劳动的态度方面，都优于印度。印度只要有半数的印度女性不能写出自己的名字，吹嘘印度即将"赶上"中国（正如印度一些人惯于这么做的）不过是在说胡话而已。

HISTORY 历史

HISTORY 历史

发生在北宋神宗朝的一宗毒杀案

来源于新浪博客"吴钩部落"，本文原刊于《南方都市报》。作者吴钩，《隐权力》作者。
原文链接：http://blog.sina.com.cn/s/blog_636f644d0101c5wm.html?tj=1#bsh-24-235254690。

/ 北宋
/ 政治
/ 司法审判

北宋元丰元年（1078）的春夏之际，前国子监博士、太湖县知县陈世儒在呈报朝廷的丁忧条陈中，称母亲死于突发心口痛。谁知六月份，一名奴婢，跑到开封府衙门，检控陈母是中毒而亡。

当时的开封府尹是苏颂，马上组织法官推鞫此案。经法医检验，陈母确有中毒迹象，胸口还钉着一根致命的大铁钉。

陈府的奴婢们供称，"诸婢以药毒之，不死，夜持钉陷其胸骨以丧"。审讯下去，露出了一个可怕的线索：陈世儒之妻李氏与家婆一贯不合，难逃主谋之嫌疑。但陈世儒知不知情？

法吏认为，李氏并未"明言使杀姑，法不至死"。这时候，流言四起，说开封府长官意欲包庇。连神宗皇帝也被惊动了。

御史提出，开封府的法官"所鞫不尽"，不能再让他们审下去了，所以案子移交给大理寺别勘。

恰好大理寺丞（分管审讯的法官）贾种民是支持新党的人，陈世儒案正好可以用来狠狠打击旧党，因此，贾种民便"欲蔓其狱"。

此时，案子渗入了政治斗争的因素。神宗下诏，又从大理寺移交到御史台。其间，李氏数度翻异。到了九月份，御史台终于宣布结案：陈世儒不愿意待在太湖县当知县，便默许妻子教唆婢女毒杀母亲，以借丁忧的机会回到京城。

最后，陈家夫妇及婢女共十九人被判死刑；开封府原勘官因故纵人罪，皆受处罚；大理寺的法官借故扩大打击面，也被罚铜。

疑凶的政治势力再大，还是要走上司法审判的程序。这是因为宋代的政治保持着明显的竞争性与制衡性，不仅表现为派系性的党争，还体现在"执政—台谏"的二权分立结构上。

古代如何惩罚强奸幼女罪

来源于腾讯·大家，作者吴钩，主要关注宋、明、清社会自治史与儒家学说。著有《隐权力》、《隐权力2》。
原文链接：http://dajia.qq.com/blog/182953014607823。

/ 刑律
/ 立法渊源
/ 司法制度

清人吴炽昌《客窗闲话》："有七十余岁老翁，爱邻女幼慧，胜于己出。父母知翁诚实，使女拜翁为义父"。一日，父母归来，见女儿走路姿势不大对劲，便问。女儿回话：她被老翁奸污了。父母将老翁告上衙门。

官府"情法两得其平"。一方面，"先开导其父母，为此女留名节地步，将来择配，不至为人所弃"；另一方面，老翁"因喊即止"，属强奸未遂，"改发烟瘴充军。即年逾七十，不准收赎"。

清代的刑律规定了"强奸幼女罪"：强奸十二岁以下幼女致死，或将十岁以下幼女诱奸者，判斩刑；强奸十二岁以下幼女幼童未遂，发配远边为奴。清律"强奸幼女罪"的立法渊源来自南宋的《庆元条法事类》。

《庆元条法事类》：奸污"女十岁以下虽和也同"。意思是说，即使幼女同意或主动，也等同于强奸罪。这是中国历史上第一次针对"强奸幼女罪"的立法惩罚。未成年人意愿并不构成否定强奸的要件。所谓"和奸幼女"、"嫖宿幼女"之类的是立不住脚的。

宋朝诸多优良的司法制度，比如"鞫谳分司"制（事实审与法律审分离）、"翻异别勘"制（犯人翻供就必须更换法官或法庭重审）及"司法考试"等，在宋亡之后都烟消云散了，所幸"强奸幼女罪"还是为后来所继承，明朝还将"幼女"的法定年龄提高到十二岁。

曾有人替那老翁求情，官府答道："奸幼女者，虽和同强，法无可贷。"

这便是古人对待强奸幼女罪行的态度。

HISTORY 历史

"五月花"号上的理想国

来源于爱思想网，节选自杜君立著作《历史的细节Ⅱ》，上海三联书店2013年10月出版。
原文链接：http://www.aisixiang.com/data/68822.html。

/ "五月花"号
/ 自由平等
/ 立法

伊丽莎白时代的英国，对内实行残酷的宗教镇压，对外展开帆船殖民扩张运动。为了摆脱宗教压迫，一些清教徒与弗吉尼亚公司签订移民合同，决定迁居北美。1620 年 9 月 16 日，35 名清教徒和一些破产者、流浪者及其他契约奴，悄然离开英国普利茅斯。这艘 3 桅盖伦船名叫"五月花"，排水量仅 80 吨。

"五月花"号上的乘客共计 102 人，包括 3 位孕妇，船员不到 30 人。"他们之所以离开舒适的家园，是出于满足纯正的求知需要；他们甘愿尝尽流亡生活的种种苦难，去使一种理想获致胜利。"这些主张自由平等的"天路客"决定共同签署一份书面约定。这就是著名的《五月花号公约》：

"……我们在上帝面前共同立誓签约，自愿结为——民众自治团体。为了使上述目的能得到更好的实施、维护和发展，将来不时依此而制定颁布的被认为是这个殖民地全体人民都最适合、最方便的法律、法规、条令、宪章和公职，我们都保证遵守和服从。"

我们总是无法想象，一个伟大的美利坚民族竟是由这样一群天真的"书呆子"，用一份写在羊皮纸上的书面合同开创的。《五月花号公约》树立了一个典范，即人民可以通过自己的公意决定集体行动，从而以自治的方式管理自己的生活。

《五月花号公约》译成中文不过一二百字，但它的意义几乎可以与英国的《大宪章》、美国的《独立宣言》、法国的《人权宣言》等文献相媲美。信仰、自愿、自治、法律、法规……这些关键词几乎涵盖了美国立国的基本原则。

HISTORY 历史

"汉奸"的起源

来源于爱思想之杜君立专栏，节选自《历史的细节II》，杜君立著，上海三联书店2013年10月出版。
原文链接：http://www.aisixiang.com/data/69203.html。

/ 汉奸
/ 文明冲突

当代著名的政治学家塞缪尔·亨廷顿以"文明冲突论"而名满天下。他在《文明的冲突与世界秩序的重建》中写道：历史上，中国自认为是兼容并蓄的，基于文化歧视和文明冲突，对蛮夷戎狄的戒备自古即是"华夏大防"。

李广的儿子李敢从小随李广出征，父亲之死使他迁怒击伤卫青。卫青的外甥霍去病借天子围猎之机，一箭射死李敢。李广另一个儿子李当户曾经打过汉武帝的男宠韩嫣，青年即亡故，他留下一个遗腹子叫李陵。

天汉二年秋，李陵率步卒五千在浚稽山（今阿尔泰山）与三万骑兵遭遇，近十日血战。汉军强弩之下，匈奴以数万之众伤兵损将，打算撤走。汉军中有人投降匈奴，透露了汉军箭尽无援的危局。匈奴分两翼合围。半夜，李陵下令击鼓突围，然鼓破不能发声。被潮水般的匈奴骑兵围追生擒。

从边境传来李陵被困的消息后，刘彻"召陵母及妇，使相者视之，无死丧色"。不久，又传来李陵已降。刘彻下令将李陵灭其三族，李陵的老母、妻子、子女和兄弟尽皆伏诛。

李陵"忽忽如狂，自痛负汉"。单于不但把女儿许配给他，还封他为右校王。祖国乃父母之邦，从刘彻杀掉李陵全族，就已无家可归。

"活着"就是罪过。张承志在《杭盖怀李陵》中评说："当他无家可归，祖国执行不义的时候，叛变也许是悲壮的正道。"

太史令司马迁为其辩护："虽古名将不过也。身虽陷败，然其所摧败亦足暴于天下。彼之不死，宜欲得当以报汉也。"刘彻龙颜大怒：为"汉奸"辩护者亦是"汉奸"。无辜的司马迁被处以极其羞辱的腐刑。

被误读的"刑不上大夫"

来源于腾讯·大家,作者侯虹斌、历史小说作者、专栏作家、媒体从业者。原标题《"刑不能上大夫"不是护身符而是催命符》。
原文链接：http://dajia.qq.com/blog/358231068575159。

/ 政权
/ 特权
/ 责任

　　贾谊给汉文帝上了一篇《治安策》，其建议，尊宠地位的人，有了过错，皇帝可以废黜爵位，赐他死，灭他家族。但如果让司寇小吏咒骂和鞭打他，这就不适合让民众看到了。可杀，不可辱，政权永远保持体面。

　　"是后大臣有罪，皆自杀，不受刑。"直到汉武帝时，才又押入狱。正是贾谊的善意，这条规矩让不少罪不至死的官员不得不自杀。只挑丞相来说吧：周亚夫、李蔡、庄青翟、赵周、萧望之（御史大夫，最后未当上丞相）、翟方进、王商、王嘉等，都是自杀的。

　　周亚夫是买了许多冥器没付钱；李蔡是因为盗景帝陵园冢地；庄青翟是因为手下三位长吏陷害张汤，武帝要为张汤报仇；赵周呢，明知列侯所献的黄金成色不好或重量不足却不上报；萧望之更冤，是元帝为了掩饰自己的错；翟方进是发生了荧惑守心的天象；王商是子不孝、妹不贤等……

　　这点小事也能搞死一个丞相？没错。

　　这个逻辑在于，高官们有保持体面的责任，只要是挨骂了、审查了、双规了，都是污辱，都有自杀的义务；这种死，也是维护政府的颜面。

　　有了特权和政治地位，要承担庶民不需要承担的义务和责任。

　　到了明代，由朱元璋开启对朝官极尽残暴、羞辱。被当场杖毙、剥皮实草、戴脚镣上班。所以常有"崖山之后无中国"的说法，认为元朝之后的中国粗野不文，被"蛮夷化"了——对贵族或高级官员能极端残忍和肆意凌辱的政权，都是令人恐惧的极权，一如"文革"中的中国和我们神秘的邻国。

HISTORY 历史

恐惧和它的双胞胎

来源于财新网,作者周濂,中国人民大学哲学院副教授。
原文链接:http://magazine.caixin.com/2013-12-27/100622498.html。

/ 契约
/ 统治

1588年,一位英伦妇女在惊恐中诞下一名早产儿,是近代政治哲学之父托马斯·霍布斯。后人戏言"霍布斯与恐惧是双胞胎"。1642年霍布斯完成《论公民》,同年英国爆发内战,1648年霍布斯动笔《利维坦》,1649年查理一世被处死,1651年《利维坦》完稿。

霍布斯的逻辑可用"稳定压倒一切"概括。在《论公民》中,因为任何人都可能是敌人,人们处于普遍化的全面恐惧之中,不堪其苦,于是签订契约进入公民社会,不再相互残杀。但是,立约各方不包括"主权者",即主权者可以为所欲为。

两害相权取其轻,哪怕国家已变身为旧约圣经中令人恐惧的巨兽——利维坦。霍布斯斩钉截铁地告诉这些人:人民只有默默忍受现有的任何政府。

阿伦特在《极权主义的起源》中进一步阐释,"恐惧只有对那些互相隔离的人才能实施绝对统治"。相互猜疑的原子化个体选择进入利维坦,而为了确保利维坦的稳定,则必须强化这种孤立无援,最终制造出新的全面恐惧。

1679年,霍布斯去世,没来得及看到九年后的光荣革命和其理论被证伪的那一刻。议会选举詹姆斯二世的女儿玛丽为女王,英格兰有三个月处于主权者缺位,但除了零星的骚乱,霍布斯"一切人反对一切人"的战争状态并未出现。强大的议会和贵族传统以及井然有序的市民社会让英格兰安然度过了危机。击溃恐惧的秘诀,就是在国家和个体之间打入一个楔子:自由的结社和结社的自由。

恐惧诞下了自己的双胞胎:极权主义的统治者与被统治者,谁先摆脱恐惧,谁就赢得过去、现在与未来。

坐牢的漫画家

来源于法律读库，本文选自阿兰·德波顿作品《身份的焦虑》。
原文链接：http://www.shuixiangu.com/portal.php?aid=255160&mod=view。

/ 审判
/ 罪名

1831年夏天，法国国王路易·菲利普踌躇满志。一年前七月革命使他登上高位。他喜欢美食（特别是上等鹅肝和野禽肉）；他有一大笔私人财产、一个深爱他的妻子和几个孩子。

不知名的夏尔·菲利蓬创办了讽刺杂志《漫画》，把国王的头画成一个梨的形状，他认为国王是大范围的腐败和无能的源头，影射了国王臃肿的脸颊和球茎一样的额头，而法语中"poire"（梨）的意思是蠢货或傻瓜。

国王发怒了，命令警察阻止杂志的发行，把巴黎报刊亭刊物统统买回来。1831年11月，漫画家遭到起诉，罪名是"对国王进行了人身攻击"。

菲利蓬首先感谢逮捕了他这样危险的人物，但更应该逮捕所有梨状的东西。但法庭并没有觉得好笑。他被判6个月。次年他重复了这个玩笑，被直接送回监狱。

在30年以前，拿破仑·波拿巴同样易受伤害，下令关闭巴黎所有的讽刺报纸。雅克·路易·大卫为他作了威风凛凛的画《拿破仑穿过圣伯纳德山口》，拿破仑因为"对艺术的贡献"任命大卫为荣誉军团的军官，说："你使高雅品位又回到了法国。"

英国漫画家詹姆斯·吉尔雷也作了画，《法国第一个皇帝拿破仑的宏大的加冕典礼队伍》。画如解释，他"高举正义之剑"，剑上血迹斑斑。

拿破仑大光其火。但凡任何人把这个漫画带到法国，不经审判，直接送进监狱。他正式提出外交抗议。当与英国就《亚眠条约》讨价还价时，还提出加入条款，凡是画过他的漫画家都应视为杀人凶手或伪造犯，送法国受审。英国代表拒绝了这个要求。

History 历史

四代人的中威船案

来源于英国《金融时报》，译者何黎。

原文链接：http://www.ftchinese.com/story/001055995?page=1。

/ 租赁
/ 赔偿

64 年前以难民身份到达香港地区的陈姓人的后辈，小心地保存着那份纸质合同。这份合同正是迫使世界最大海运公司之一商船三井（Mitsui OSK）作出一项史无前例的商业性战争赔偿的关键证据。

陈中威，20 世纪 30 年代上海中威轮船公司所有者陈顺通的重孙。上上周，上海海事法院（Shanghai Maritime Court）扣押了商船三井停泊在一个深水港的一艘矿砂船，以强制执行法院判给陈中威及其伯父的 29 亿日元（合 2840 万美元）赔偿。

1936 年，中威轮船公司将两艘船租给了一家名为 Daido Kaiun 的日本海运公司。这两艘船当年就被日本海军征用了，中威轮船公司再也没有收到租金。抗日战争后，陈顺通也试图从 Daido Kaiun 要回两艘船。1947 年，他发现一艘被鱼雷炸毁，另一艘毁于台风。陈顺通两年后去世时，其子陈洽群发现了那份租赁合同。

到香港后，陈洽群开始向 Daido Kaiun 索赔。1970 年，陈洽群在东京提起诉讼。历时 4 年、耗资 60 万美元之后，东京法院判决此案超过了诉讼时效。

1988 年，陈洽群的两个儿子在上海提起了诉讼。法院表示中威轮船公司已不存在。陈氏两兄弟用中威公司的名字在香港注册了一家公司。在 2003 年，他们被允许以个人身份继续打这桩官司。

Daido Kaiun 已被并入商船三井。2007 年，上海海事法院裁定，商船三井应向陈氏兄弟支付 29 亿日元。三井上诉失败，试图让陈氏家族接受约 15 亿日元的赔偿。陈氏家族拒绝了。

此案是中威轮船公司老板、在战争期间失去家产的陈顺通的后人所取得的罕见的胜利。陈中威（David Chen）——其中文名字反映了家族历史——拒绝了日本公司的和解提议。

Personnel 人物

PERSONNEL 人物

备受质疑的李嘉诚

来源于《南方周末》，作者为陈新焱、徐庭芳，原标题《揭秘李嘉诚为何逃离香港：现在备受质疑 港人骂其奸商》。
原文链接：http://finance.ifeng.com/a/20131107/11029291_1.shtml。

近年，85岁的李嘉诚罕见地动作频频，事涉数百亿元资产跨洋变动，而且关系到是否要撤离香港。

他曾经坚称"爱国、爱港，永不迁册"（香港人将公司迁移注册地简称为"迁册"）。"李嘉诚，名副其实，香港就是李家的城。"

垄断，成为火力最集中的一个靶子。反垄断，也就成为港人的普遍要求。但香港在这方面却动作迟缓，成为少数在这一问题上落后于国际惯例的经济体系。不少香港人认为，这是因为随着卖地收入成为政府的主要财政来源，原本应该中立的政府，变得分外倾向商界。而这些大财团也依仗着自身财力，对公共政策的走向起着决定性作用。

反观背后，是香港地区社会贫富差距的变化。2012年，香港地区基尼系数高达0.537，超过了中非共和国。这个亚洲最发达的经济体内，有10万人住在用铁丝网扎成的"笼屋"。

港人还得接受外部落差。2003年，香港放开"自由行"，内地游客买LV和黄金如同买白菜，压力被转化为对外来人群的敌意。

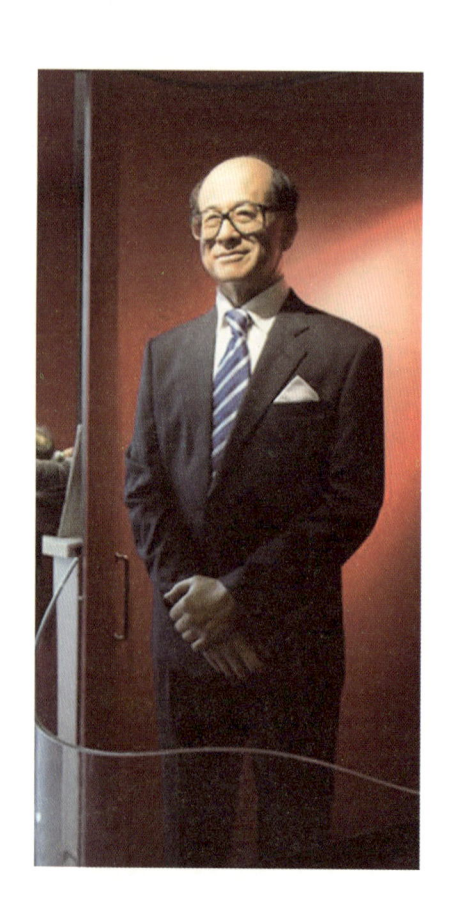

/ 垄断
/ 反垄断
/ 贫富差距

2010年,《地产霸权》一书引起了广泛关注。香港民众一夜之间找到了问题的症结,而作为六大家族之首的李氏家族,更是成为了众矢之的,大骂"官商勾结",甚至叫他为"奸商"。

香港地区直至2010年11月才通过最低工资立法。而对于与最低工资配合的标准工时,香港政府也迟迟没有讨论。如此种种,让许多港人认为香港财团们绑架了政府,间接或者直接干预了不利于既得利益集团政策的出台。2012年6月也才通过《竞争条例》。《地产霸权》指出,六大地产商的董事,在政府各个法定咨询组织里担任总共54个职位,比1998年时的16个有大幅上升。

梁振英当选特首后,在2012年5月长和系股东大会后会见传媒时,李嘉诚指梁振英最重要是思考如何服务港人,创造安居乐业的环境,捍卫核心价值;他强调,核心价值包括法治和自由,一定要遵守基本法。对于土地政策,李嘉诚称,如果推倒楼价,并不符合港人利益,认为土地政策要得体、有心,顾及整体港人愿望。然而2013年2月,梁振英推出了最严酷的楼市调控政策:非港人购入工商和住宅物业,需要缴纳15%的额外印花税和双倍印花税。港媒将此称为"双辣招"。

香港中文大学教授郑宏泰表示,李嘉诚作为华人首富,金钱早已不是最重要的了,赢了很多钱,却输了尊敬,一定不是他愿意看到的。在他看来,李嘉诚不可能不在乎自己的名声和评价,"我相信,晚上宁静下来的时候,他一定会想一想这个问题——毕竟,他已经85岁了。"

PERSONNEL 人物

八十岁的法治布道者

来源于《法治周末》，高全喜口述实录，记者邹蕾／实习生杨肯采写。
原文链接：http://www.legalweekly.cn/index.php/Index/article/id/3366。

/ 法治
/ 法学家

2013年8月23日，法学家李步云迎来八十寿辰。李步云先生早年曾作为志愿军赴朝作战，负伤之后转业进入北京大学读书。读完本科之后，师从张友渔继续深造，之后进入中国社会科学院法学所工作。

1979年，他在《人民日报》发表的《论我国罪犯的法律地位》，率先把"人权"这一在当时仍然讳莫如深的问题带入现实的讨论之中。经过李先生以及广大有识之士持续的努力，"国家尊重和保障人权"最终在2004年被写入宪法。

李先生也非常注重"法治"的推动。中国任何一个时代都有法律存在，杀人偿命、欠债还钱不言自明，但这还不是真正的法治。李先生用了20年之功，才完成了一字之改，即从（法）"制"到（法）"治"的转变。

如果回看我国的历史，法律一直是"刀制"。向"水治"转变，首先意味着法律要约束公权力，每一个公民在不侵犯他人的前提下按照自己选择的方式来生活，即确立"我"与"他"的边界，尤其是在这一过程中确立公权力的边界。所以"水治"背后隐藏着一种社会治理方式和新的生活方式。

李老师还有一个重要贡献在于其在法学理论上对党与国关系的巧妙处理。共产党在我国拥有领导地位，这是宪法明确赋予的。李步云先生作为一位法学家，从学理上指出了党与国家的辩证关系。

这三个问题是依法治国能够最终得以实现的关键。他既对西方的法治文化、价值保持一种开放的态度，又特别强调中国特色社会主义道路，寻求西方文明与中国孕育的现代文明的融会。

郑天翔，大法官的背影

来源于何曾倾城的法律博客，原载于《长江日报》评论版【法边馀墨】专栏，原标题《大法官的背影》。
原文链接：http://qingcheng1975.fyfz.cn/b/776470。

/ 大法官
/ 宣誓

前几日，最高人民法院原院长郑天翔与世长辞，享年99岁。对于亲历了三十多年当代法院发展史的资深法官而言，郑天翔无疑是一个仰之弥高的名字。

改革开放初期，一半以上的干部没有受过专业训练，大多数地方基本办案条件付诸阙如。作为历史"破题者"，郑天翔力推"两庭建设"（审判法庭和人民法庭）。他向中央恳请创办全国法院干部业余法律大学，并亲任首任校长，"业大"一办就是16年，编印的教材被奉为实务经典，17万多名毕业生中，70%以上成为审判业务骨干，30%以上成长为各级法院院长。他重视司法解释、案例指导的引领作用，创办人民法院出版社，倡导出版《最高人民法院公报》指导办案，直接领导和推动了法官法草案的起草工作。

郑天翔在全国人大会议上对"司法之痛"直言不讳：藐视法庭、"以言代法"、"以权压法"，把法律当成保护本地区局部利益的工具……我们人民法院不能回避这种斗争。20世纪80年代"严打"，他反复强调，"越是严打，越要强调办案质量"。"我们是依国家法律办事，是国家审判机关，不管哪个部门的负责同志说什么，均依法办事，不受影响。"

"要使已经制定的宪法、法律和法规得到普遍的遵守和执行，还需要长期坚韧不拔地努力。最高人民法院在自己的岗位上，根据宪法赋予的职权，将继续努力维护宪法和法律的尊严。" 26年过去，郑天翔在第六届全国人民代表大会第五次会议上的宣誓言犹在耳。

PERSONNEL 人物

一个普通检察官的司法改革期待

来源于财新网，记者罗洁琪。
原文链接：http://china.caixin.com/2013-11-26/100609968.html。

/ 检察官
/ 司法改革

　　一个老农将田间地头听到的各种"贪官"传闻，写成材料寄给相关部门，要求查处，因此涉嫌"诬告陷害罪"被追诉。

　　吴桐是某市检察院的一名检察官。中共十八届三中全会部署司法改革，强调要"确保依法独立公正行使审判权、检察权"。她回忆了这件旧案。

　　"作为公诉人，我认为犯罪嫌疑人不构成犯罪。可是，抗争没结果，最后，我还是硬着头皮提起了公诉。"这是司法地方化的极端案例之一。检察官无法改变某些案子的既定命运。

　　吴桐认为，改革部署对于解决"地方化"的问题有作用，但是，"地方化"的根本原因，还是司法部门的"行政化"。

　　外部行政化，是指在国家的权力格局中，一府两院的地位并不平等。甚至"两院"被看成是政府的"部门"，检察院没有独立的地位。这种权力格局让检察院不能真正履行宪法赋予的法律监督职能。吴桐说，"现实中的检察院就像戴着高帽子的侏儒"。

　　内部行政化是指检察院内部行政官僚式的体制。"我渴望独立和平静，秉持良知和法律办案子，不需要考虑其他的因素。"行政化的官僚体系，容易让检察官失去尊严。这种行政管理的指挥棒造就了检察院里的官僚文化。

　　在既有的检察院模式中，存在大批的行政官僚。"检察官"，这个称谓本身就应该包含荣誉和应有的待遇。吴桐说，她希望通过司法改革，检察官可以从职业本身获得社会价值和荣耀，并且改善生活，不必在专业领域之外谋取资源。

学而为宪六十载

来源于《光明日报》，记者王逸吟。
原文链接：http://politics.gmw.cn/2013-02/21/content_6763417_9.htm。

/ 宪法
/ 实施

    许崇德，1929年1月生于江苏省青浦县。1953年中国人民大学国家法研究生毕业后留校任教，"文革"中下放江西劳动，1971年到北京师范学院（现首都师范大学）工作。1978年人民大学复校，返回人大任宪法学教研室主任、研究生导师组组长。

    他参与了1954年宪法起草，数遍全国的学者，仅此一人；他是香港、澳门两个特区基本法的起草委员，后来被称为"四大护法"之一；他还很"文艺"，诗词、书画、篆刻均有深厚造诣。许崇德最爱的还是"人民教师"四个字。正如他自己所说，"我就是个教书的"。

    1951年，许崇德从复旦大学毕业，被分到中国人民大学当研究生。学习研究的正是他最喜爱的宪法学。如果说制定"五四宪法"时还只是做辅助工作，1982年修宪，许崇德则是"一统到底"。刚开始是4位学者，后来扩大到12人。他以《玉泉山之夜》记录下情景："灯下词初定，纸间策已筹。宪章临十稿，尚欲益精求。"

    1990年秋天，许崇德在美国参观了托马斯·杰弗逊纪念堂后，赋诗一首，"圆厅敞阔立金身，手执宪章瞿有神。我亦草书根本法，从来笔下不输人。"

    香港基本法起草委员会宣告成立。许崇德因患眼底出血症，戴上墨镜，拎着针药，抵达香港地区，有媒体配以大字标题"戴着有色眼镜看香港资本主义"。许崇德一笑置之。他与同为香港基本法起草委员会委员的金庸先生合作表演相声，传为美谈。

    "我认为我国应该建立宪法实施的监督机制，以保证宪法的正确实施，防止'文革'那样的悲剧重演。""作为一个学者，我将继续呼吁，使我国宪法实施的监督机制能够早日建立。"许崇德说。

PERSONNEL 人物

律政女先锋
——美国第一批女律师的经历

来源于译言网，作者吉尔·诺格林，纽约大学出版社。
原文链接：http://select.yeeyan.org/view/52809/369248。

/ 女律师
/ 参政
/ 宪法权利

19世纪60年代后期，当克拉拉·福尔茨为成为律师努力学习时，她只是为了养活她的五个孩子。福尔茨的丈夫因欠别人账逃走了，她先后尝试了教学、缝纫和为寄宿学校的学生提供食宿。那时的加州只是规定要成为律师须在加州居留满六个月以上，再加上要身为男性。

作为美国历史上第一批女律师，福尔茨"差不多是冲向州长，高呼议案编号，屏住呼吸直到州长批准此议案成为法律"。加州加入了威斯康星州和哥伦比亚特区的行列，允许获得资格的女性成为执业律师。从某种意义上说，她们的性别意味着若她们不能引起广泛的社会变革就不能成为律师。

福尔茨申请削减丈夫在婚姻存续期间的财产取得权和允许女性为选举投票。她还主张成立第一个假释裁决委员会和为犯罪嫌疑人指派辩护律师的宪法权利。

福尔茨是诺格林所写的八位女性中的一位。福尔茨父母给予了她诸多帮助。

贝尔瓦·洛克伍德的父亲在她十八岁时拒绝了她想回到学校的请求，当时她已经做了四年的乡村教师。是她的第二任丈夫全力支持她为法律学习长期奋斗。后来，作为一位孀妇，洛克伍德又与国会进行了数年的斗争，要求成为美国最高法院承认的第一位女律师（她还是第一位敢于进行环绕首都骑行的女性，使得总统格罗弗·克利夫兰特别下令禁止内阁大臣的妻子们效法她）。

诺格林写道，"当洛克伍德赢得了斗争，成为了律师，她觉得是时候争取平等的职业机会和女性参政权了"。

PERSONNEL 人物

新儒家青年曹呈宏

来源于法律读库，作者赵志刚。

原文链接：http://www.aiweibang.com/yuedu/qita/388837.html。

/ 儒家
/ 品格

谢文春师兄说，所谓清明，也许就是世上飘飞的叶子，回望地下深埋的根。

2013年清明节之前，30多个天南地北的人缅怀一个叫作曹呈宏的人。中国检察出版社此间举办《曹呈宏文集》首发式，华东政法大学校长何勤华出席并讲话。

犹记2011年阴历11月初一那天上午，浙江温岭。我抬起满是泪水的眼转身望去，送别师兄的队伍大约有一公里长。

曹呈宏，年轻时就读于华东政法学院8708班，首位民选班长，再后来师从校长何勤华攻读法制史博士，至死未竟。大学期间，曹呈宏钻研过《易》经，并练习少林"易筋经"气功、陈式太极拳、散打、古典吉他、围棋和桥牌等，是浙江省检察系统最早的八名专家型检察官之一。

1998年互联网出现之后，那时大家普遍流行使用网名，他甫一现身即用真实ID"曹呈宏"。他各个部门法都融会贯通，写什么文章、回帖都没有障碍。

他走起路来虎虎生风，在互联网的法律江湖长期以来一直被尊称为"大侠"。在我所接触过的朋友中，曹大侠是真正学贯中西的，藏书10万册。

他的佛学修养使他追求一种精神上的东西，一种"道"。"君子得时则驾，不得其时则蓬蔂以行。"如果时运不济，那么就只好在荆棘丛中穿行了（也不同流合污）。师兄很欣赏的一句话是"挥剑、拔剑，拔剑、挥剑"。

他是真正的自然之子，拥有一般人所无法体悟的独特人生和壮阔心灵。我经常把曹呈宏看作当代的王阳明，曹呈宏身上更有新儒家的精神气质，新儒家强调品格发展、自律、修身，以及强调责任感、勇气、荣誉、行动。

从修鞋匠到现代缓刑之父

来源于橙子焦糖的博客，作者标注为王佳琪0109。
原文链接：http://blog.xxt.cn/23989699897528275。

/ 缓刑
/ 刑罚

约翰·奥古斯图的修鞋摊在波士顿法院门外的大街上。每当法院开庭，他总是收起鞋摊，随着人流进入法院去旁听。

一天，一个衣衫褴褛满脸悔意的年轻人被带进了法院。"酗酒闹事"是轻微罪行，只需委托别人交一小笔保释金，便可判一年"监外守行为"。奥古斯图敢肯定青年是个穷苦人，他表示愿做担保人。

法官同意了奥古斯图的请求，下令延期三周审判。三周后，奥古斯图陪同青年返回法庭，以上帝的名义发誓作证，这个青年三周来滴酒不沾，勤劳工作，照料祖父，空余时间还去做义工，报告上还有警察和教堂牧师的签名。法官当场宣布释放了青年，而这个青年变成了终生戒酒、守法勤劳的好公民。

在1841年至1858年的十多年中，他保释了近2000名犯罪人。奥古斯图相信："法律的目的是为了改造和阻止犯罪，而不是恶意复仇和报应。"他花费大量的精力去确定哪些人是可以假释的，为法官提供被告人"个人行为报告"；他建议法官延期量刑；自掏腰包提供保释金；承担起社区责任，寻求就业和提供住房。

奥古斯图的努力导致了麻省于1878年颁布了美国第一部缓刑法，他被称为"现代缓刑之父"，也是现代刑罚个别化措施中假释制度、量刑前调查报告制度、量刑建议制度、社区矫正制度的创始人。除了"缓刑"之外，美国司法界还发展出了一系列诸如假释、赔款、强制治疗、重返社会教育、少年犯训练营、社区内改造犯人等多种人道主义的司法方式。

INTERNATIONAL 域外

INTERNATIONAL 域外

新南非的启示

来源于《经济观察报》，作者秦晖，原标题《"彩虹"的启示》。
原文链接：http://finance.sina.com.cn/roll/20130719/235516186163.shtml。

/ 南非
/ 公民基本权利

  纳尔逊·曼德拉病危入院已经一个月了。全世界又一次把目光集中到这个"彩虹之国"、"金砖"新秀。新南非已经走过了19年的难忘历程。

  2008年5月中下旬以来，南非发生了本国籍贫民以暴力手段驱逐外籍劳工的大规模排外骚乱。共造成62人死亡，死者中虽有21人是南非公民，但据说他们是混乱中被"误伤"的。南非出动军队平息暴力，拘捕了1400多人，有137人被定罪。

  那次骚乱中最令人感到可悲的是：那些如今野蛮地驱逐别人的人，当年自己也正是被白人驱逐的对象。这说明了"完全平等"说来容易做来难。许多人抱怨强者对自己的不平等，却往往把不平等施加于更弱者。

  由此不难理解：甚至连以"全世界无产者联合起来"为旗号的南非共产党，成立之初也因其社会基础为白人劳工而一度陷于"白人沙文主义"不能自拔。只是在当时共产国际基于"世界革命"需要而严加训斥后，该党才转向了依托黑人解放运动求发展的正确道路。

  骚乱所伤害的主要就是南部非洲各国在南非的黑人外籍劳工。而施暴的一方同样是以打工为生的黑人贫民，不同的只是他们拥有南非"户口"。

  这其实就是"基本公民权利不平等的不同群体"间的冲突。因为他们没有南非公民权。南非只需要这些"外劳"，不需要这些外国移民，所以南非并不会，也没有承诺给予他们移民、安家所需要的一系列权利。

  而说到底，基本公民权利的不平等在"国籍"问题上很难解决，这是当代世界仍然无法克服的缺陷。

法院才是美国的真正决策者

来源于腾讯·大家，作者陈思进，加拿大皇家银行风险管理资深顾问，"9·11"幸存者，多家媒体专栏作家，央视大型纪录片《华尔街》顾问。原标题《法院才是美国的真正决策者——漫谈决定美国经济的制度体系（十四）》。
原文链接：http://dajia.qq.com/blog/192257090414999。

/ 法院
/ 仲裁
/ 法官

美国联邦法院系统由三部分组成：底部有94个联邦地区法院，是大多数诉讼开始的地方；再上一层有13个上诉法院；最顶部是联邦最高法院，具有原始诉讼和上诉管辖权。

因为联邦最高法院由9个大法官组成，每个大法官都由总统提名，经过参议院听证后批准委任。而9位大法官中有1位是首席大法官，其产生过程与另外8位大法官一样，其任期是无限的，除非去世、辞职或者自己要求退休外，他们唯一非自愿的去职是被美国国会罢免。而一般来说，联邦最高法院对提交的各种案件，由9位大法官以简单多数票的表决方法来决定。

联邦最高法院是唯一由宪法规定的联邦法院，主要职责是对宪法作最终解释，直接制定批准新法律，特别是宪法。从这个意义上说，法院才是国家决策者。

人们经常说法院应该是解决争端，而不是制定政策的地方。但是，当法院涉及具有争议的公共问题时，如果不能解决纠纷，便应根据宪法来制定公共政策。所以，联邦最高法院把自己定位于"解决最高司法政策冲突"，并相应选择其判例的仲裁机构。联邦最高法院的仲裁决定，其所附的书面意见不仅会传达至下级法院，而且还是下属法院定夺案件的指南。

2013年6月6日，"监控门"一经披露便引起轩然大波。相似的案例如"水门事件"和"五角大楼文件"，都以泄密者顺应民意和在宪法的保护下被法院判定无罪而告终。因此，美国联邦最高法院的9位大法官将如何断此案，举世瞩目。

International 域外

《美国最高法院通识读本》：
传播常识 呈现复杂

来源于《人民法院报》，作者何帆，最高人民法院法官。
原文链接：http://www.shuixiangu.com/article-83180-1.html。

/ 常识
/ 司法独立

从2008年的"特区禁枪案"到2013年的"同性恋婚姻案"，美国最高法院审理的重要案件，都成为中国媒体热议的话题。某些网站肆意删帖时，网民们会引用"沙利文案"判词："对公共事务的讨论应当不受抑制、充满活力并广泛公开。"

在最高法院文化传播方面居功至伟的，却不是法律人。1996年的《历史深处的忧虑》起步，林达女士"近距离看美国"系列，任东来先生2004年推出《美国宪政历程：影响美国的25个司法大案》一书；2007年之后，《九人：美国最高法院风云》、《黑衣人》、《批评官员的尺度》和《吉迪恩的号角》，读者们还未进入"审美疲劳"状态。

琳达·格林豪斯的牛津版《美国最高法院通识读本》是典型的"大家小书"，"在不牺牲准确性的前提下，尽可能写得简单"。

琳达·格林豪斯就是最高法院"跑口记者"之一。

接手翻译本书之前，我也好奇格林豪斯如何能在一百多页的篇幅之内，将种种知识介绍给广大非专业读者。

格林豪斯最终完成的作品令人惊喜。几乎每一章都回应了普通读者的若干疑问。她既没有刻意神化美式司法独立，也没有放弃描述最高法院的复杂性：大法官终身任职引起的重重争议；最高法院对庭审直播的强烈排斥；司法机构与总统日益严重的对立；等等。

林达说："在介绍美国时，切忌走向简化的颂扬。偏颇的介绍不利交流，反而可能引出幻想，容易在幻境破灭后走向另一个极端，难以冷静客观地剖析对方国家发展中的各类复杂因素。这绝非交流之道。"

而我近年之所以推进法政译事，也正是为了传播常识、呈现复杂。

印度女性的生存现状

来源于知乎社区，作者何赟。
原文链接：http://www.zhihu.com/question/21097037/answer/17949863。

/ 宗教
/ 权利
/ 救济

　　印度女人在社会中处于弱势地位（如果不是极端弱势），这种弱势地位源于宗教、历史和传统文化，即使今天政府和精英阶层在努力调整，"女人"作为一个整体，仍然境遇不佳。这样武断的结论是很容易被推翻的。毕竟，印度有旗帜鲜明的女性至上的宗教传统，世俗领域中，女性在政府中占据或曾经占据过统治地位。辛格在当选总理后做的第一件事情是向索尼娅·甘地鞠躬，也不要忘了那个臭名昭著的北方邦女首席部长。

　　泰戈尔有过精辟的论述：物质文明的发达使人特别使男性陷入了权欲的陷阱，而女性由于其天然所处地位的特质，成为平衡男性文明的力量。她们是人的本性与泛自然神的纽带，成为神的体现者。

　　通常来说，103~106名男性对应100名女性，但印度达到了110名，在北方达120名以上。1994年的《产前诊断技术（管理和防止滥用）法》，施行情况十分不乐观。生女儿是一件极其划不来的事情，不能提供劳动力，高额嫁妆也是多数印度家庭不愿承受的。

　　经济上的不独立；在继承中几乎得不到土地，寡妇的土地通常也是由其儿子控制。认为女人若是有过多的知识，就会克夫。只有不正派的女人才会读书、出外工作。

　　这绝对是一个失衡的社会，针对女性的刑事犯罪率居高不下。年轻的女权主义者主张往往无效。

　　在KFC排队的时候，只要前面站的是一个印度女人，她一定会倍加防范。连我这么一张无害的脸都会无端遭到回头怒视。

　　总的来说，印度女性的地位大大改善，但真正需要改变的是破坏性的力量，让传统的大厦坍塌，让那些该有的权利得到救济。

INTERNATIONAL 域外

"Your honor"，尊贵的法官大人

来源于共识网，作者周大伟，江苏无锡人，旅美法律学者。此文为作者为《中国新闻周刊》撰写的专栏稿的未删节版。
原文链接：http://www.21ccom.net/articles/qqsw/qyyj/article_2013081890056.html。

/ 法官
/ 法律职业人

在美国，原被告和双方律师都称法官"Your Honor"，翻译是"尊贵的法官大人"。

当一个美国法官穿着黑袍走出来时，大概没人会敢说："Your honor（法官大人），您看，今天晚上要不要我来安排一下……"估计这样想的念头都不可能有—— 这个人已经被神职化和非世俗化了。

当然，他们也是有七情六欲的普通人。奥克兰市，年过八旬的法官理查德经过街口时，"街头妓女"走过来诱惑。二人讨论到了嫖资话题，当法官掏出钱包给"妓女"看现金时，"妓女"突然亮牌："我是警察！你被捕了。"

即便在美国，除了极个别赌城领地外，卖淫嫖娼也属于违法行为。即便是这样的"轻罪"，不可能因为是老年丧偶的资深法官就可被法律宽恕和豁免。只要"看起来行为不当"便可构成违反职业道德。这位被撤销了法官职务并被判了处罚金。

在很多西方国家里，法官必须刻意地与世俗社会保持一定的距离。

日本法官们很少去参加应酬，个个都是"龚自珍"。

也许，法官这个职业是寂寞、孤独的职业。如果你选择要当法官这样的法律职业人，在诸多场合里，世俗的东西跟灵魂的东西只好分开一下。如同《圣经新约》的开头讲的："上帝的归上帝，恺撒的归恺撒。"

上海"法官集体嫖娼"事件，让中国法官职业群体蒙受极大的耻辱。他们很少获得过类似"Your honor"这样尊贵的称呼。

法官应如何对外发声

来源于《人民法院报》，作者戴维·奥布莱恩，为美国弗吉尼亚大学教授，译者何帆。
原文链接：http://rmfyb.chinacourt.org/paper/html/2013-08/30/content_69933.htm?div=0。

/ "法官慎言"
/ 言论

在美国，法官庭外发言场合渐多。联邦最高法院九位大法官全部在公共事务电视台的纪录片《最高法院》中出镜。他们不再怯于谈及一些争议性话题。

美国公众对法院工作知之甚少。司法的神秘感，部分源自"法袍崇拜"。菲利克斯·法兰克福特大法官喻为"法官慎言"。他们也坚持不在庭外对自己的判决发表评论，某位首席大法官回答："先生，我们只负责写判决，但不负责解释判决。"直言不讳地提醒记者，这样才有利于促进审判独立。

事实上，尽管"法官慎言"，法官们似乎更热衷于表达自己对重要法律和政治争议的观点。许多大法官和法官在宪法和公法领域的著述，是一种常见的庭外言论。在一系列注释书中，约瑟夫·斯托里大法官的《美国宪法评注》最为经典，斯卡利亚和布雷耶大法官都曾阐述自己的主要司法理念。

不过，正如欧文·考夫曼法官所言，对于类似司法行政和立法对法院的影响等事务，"法官必须发声"。不管是首席大法官，还是广大联邦法官及州法官，越来越多的人开始就案多人少、司法官僚主义、上下级法院关系和司法行政等议题发表观点。沃伦·伯格首席大法官创设了一项做法：每年发布一份联邦司法年度报告，回顾法院工作，反映法院需求。

很难在恰当言论与不恰当言论之间划下一道确定界线。但是，根据一项普遍适用的准则，不应预先就一个未决问题发表见解，因为未来可能在诉讼过程中遭遇这些问题。

INTERNATIONAL 域外

美国法律规定不能堕胎

来源于知乎社区，作者 talich。

原文链接：http://www.zhihu.com/question/20029318/answer/18199914。

/ 人权
/ 堕胎
/ 选择权

堕胎本身是一种行为，它涉及的是性生活的隐私权。而行使它的权利，美国宪法里并没有规定，只能通过人权法案里的相关条目来推导，来定义。

女性主义者认为，意外怀孕对女性的冲击，让女性必须要有对堕胎的选择权。女性主义者在 1973 年取得了决定性胜利，高院在 Roe v. Wade 的历史性判决中，认定堕胎决定属于孕妇的个人隐私。

社会上的保守派人士哗然，提出了各种行政手段来淡化其影响。比如取消公共医保经费对堕胎和避孕的支持，加入强制咨询、设置等待期、通知怀孕者父母等规定。

2007 年，高院站在了反堕胎者一侧，肯尼迪大法官还亲自撰写了判决书。最广为转载和引发争议的一段写道：虽然我们没有找到可靠的数据来度量以下这种现象，但看上去，必然可以作出结论：有些妇女会对放弃自己曾经创造和延续的婴儿生命感到后悔。随之而来的，是严重的抑郁感，颜面扫地。

在自由派看来，为了免去部分女性可能会出现的后悔，高院用反堕胎来剥夺了她们作出决定的机会。在反堕胎者看来，高院毫无疑义地站在他们的一边。

反堕胎运动的下一步，就是扩大禁止的范围。把禁止堕胎从 24 周推前到 20 周，只能减少数千起堕胎行为，对于美国每年上百万起的堕胎来说，数量上绝对是微不足道的。

另外，支持堕胎权利的人，却在另一个战场上昂首前进。这就是早期紧急避孕。通过阻止受精卵着床的方法避孕。

国外错案如何纠偏

来源于《小康》杂志，作者姚启明。
转载链接：http://news.sina.com.cn/w/2013-08-09/163527908890.shtml。

/ 错案
/ 法律从业者

法庭会给一个没罪的人判刑吗？

法国著名律师勒内·弗洛里奥给出的答案是：这种事情确实存在，而且比人们想象得要多。

弗洛里奥《错案》一书提道，"完全公正的审判是件不易的事情。许多外界因素会欺骗那些认真、审慎的法官。比如，不确切的资料、可疑的证据、假证人，以及作出错误结论的鉴定，等等，都可能导致对无辜者的判刑。"更为关键的是，"他们犯下的错误，有时并非蓄意而为"。

"一些诚实的人好心地提供看似诚恳的证词，也可能出现令人担心的不良后果。"弗洛里奥表示，这些"诚实的人"，可能只是目击了事实的一部分，而他接下来又"诚实地"讲述了另一部分，却是用自己的方式主观解释的。

《错案》一书中的案例，都印证着他所强调的：错案的产生很少出自单一原因。滥用权力的警察与检察官、玩忽职守的法官、科学鉴定的偏差、模棱两可的证词……都可能导致错案的发生。

在西方国家，类似这样由法律从业者撰写的，探究总结错案深层原因的书籍并不少见。如2012年出版的《冤案何以发生》，佩特罗结合自身经历，分析了冤错案件来由，还总结出需要防范的导致冤案发生的八大司法迷信，包括：监狱里的每个囚犯都会声称自己无罪；我们的司法体制很少冤枉好人；有罪的人才会认罪；发生冤案是由于合理的人为过失；目击证人是最好的证据；错误的有罪判决将会在上诉程序中得到纠正；质疑一个有罪判决将会伤害受害者；如果司法体制存在问题，体制内的职业人士将会改善它们。

INTERNATIONAL 域外

美国政府为何会关门

来源于博客，作者刘植荣。

原文链接:http://blog.sina.cn/dpool/blog/s/blog_46904e310102fhp9.html。

/政府
/国会

美国联邦政府从1977年到1996年间关门17次，几乎平均每年关门一次，最短的1天，最长的21天。除联邦政府外，州和县市政府照样关门。

美国政府关门是有法可依的。美国1870年通过了《反预算过渡法》，当政府提出的预算得不到国会批准时，政府应当关门（紧要部门除外）。

说白了，政府关门就是因为"差钱"，把预算花光了。

美国任何级别的公务员都没有财政拨款权。前些年，中国财政部代表团访问美国，美国财长在招待宴会上说："国会只批准了菜钱，没批准酒钱。这桌菜由政府埋单，你们吃菜要感谢美国纳税人，酒由我自己埋单，你们喝酒要感谢我。""财神爷"因公招待外宾，自己竟连酒钱都批不出来！

由于奥巴马总统向国会提交的2011财年预算方案会造成15000亿美元的财政赤字，在2010财年结束时也没得到国会的批准，所以，从2010年10月1日起，美国政府一直在《应急预算方案》的支持下运转，而这个预算3月4日到期。

美国历史上时间最长的一次政府关门，80万名联邦雇员无薪放假。政府关门期间，正赶上圣诞节，克林顿总统不得不自己掏腰包付白宫的电费，让美国第一圣诞树的灯光没有熄灭。

让政府关门虽然"教训"了政府，让政府"长了记性"，时刻提醒政府花钱时一定要精打细算，避免浪费，但社会也要为政府关门担负一些成本。这是美国人民驯服政府、把政府这只老虎关进笼子里的具体措施，以保持林肯提出的"民有、民治、民享"的政府本质。

一场庭审

来源于博客，作者柴静。
原文链接：http://chai-jing.blog.caixin.com。

/ 庭审
/ 陪审团

这是2013年美国最受瞩目的一场庭审。

2012年2月，下着雨，黑人少年马丁，17岁，他戴着衫帽，走在回家路上。一名成年男子怀疑他有犯罪意图，两人发生冲突，男子开枪枪杀少年。

警察5个小时后释放了他，"无证据表明这是一起犯罪案件，不构成逮捕条件"。之后媒体发酵，大量报道"黑人少年被射杀，开枪者被释放"。

著名的请愿网站Change.org遇到历史最大规模的运动，要求起诉的签名超过220万个。

杀人者齐默曼也并非无人支持。辩护费用一百万美元多来自社会捐款。捐款人未见得认为他无罪，但是，他们希望齐默曼不会因为举国若狂的压力，无力与国家机器对抗，避免受到不公正审判。

持续14天后，控方重复了开场的两点：1.马丁无辜被害。2.齐默曼想当警察，他撒谎。检察官一再展示马丁的遗体照片激发陪审团的同情心。

一直对马丁充满同情的媒体记者长叹一声写道："如果国家机器想把一个人投入监狱，必须确定地证明发生了什么，在这个案子上，他们没能。"

辩护律师出示了一张简明的图版，来向陪审团说明，按照法律规定，什么情况下才能判定齐默曼有罪？不论你认为"是正当防卫"、"可能是正当防卫"、"可能不是正当防卫"、"不能排除正当防卫"……这十二种情况都只能判无罪。要判齐默曼有罪，只有一种可能："排除一切合理怀疑。""如果你们有疑虑，请让齐默曼成为这些疑虑的唯一受益者。"

经过16小时的合议，陪审团一致裁决齐默曼无罪。在达成一致无罪意见，递交法庭之前，六个人都哭了，"我们没有不在乎马丁……这是一个悲剧，无罪，是一个了结"。

INTERNATIONAL 域外

与死刑的较量

来源于阅读时间,作者覃里雯。

原文链接:http://www.timetimetime.net/lingyimian/18916.html。

/ 死刑
/ 废除

2009年，5名"9·11"事件的策划者和同谋将被审判。其中一名嫌犯曾在德国汉堡居住，但坚定反对死刑的德国一贯拒绝为他国死刑判决提供方便。

一番商讨之后，司法部部长决定：要求美国保证不会用于死刑判决，司法部还要与外交部一起送出代表团监督。

2011年，德国拒不允许注射死刑所需药物成分对美出口。而美国急缺所需药物（给死刑犯随便来颗子弹和更换药物显然行不通）。原先的印度商也停止对美出口，因为"主要被用于注射死刑并且被滥用"。一些等待执行的死刑犯们还提起法律诉讼，质疑药物质量。

1794年普鲁士的普通法法典，减少了死刑。到19世纪中期，处决索性停止了。

强人俾斯麦重兴了死刑传统，处死了一位密谋行刺德皇的水管工。19世纪90年代，优生学和犯罪遗传论又给支持死刑赋予了新缘由。最终被纳粹发挥到极致，燃起了"科学的"犹太人焚尸炉中的熊熊烈焰。

1949年，联邦德国废除了死刑，时有77%的民众支持死刑。起初是一位极右翼政客为了拯救纳粹战犯，也让一直主张废死的"左"翼得到了支持。一个初衷不甚纯洁的提议，却造就了一条善法。

一部法律的制定，是国内政治和各种理念博弈的结果。如果能让社会达成基本共识，它就会逐渐形成习惯、被广泛接受和秉持。德国也彻底洗涤了纳粹的影响，成了"平庸的善"之国。

全球已有97个国家完全废止了死刑，从落后的海地、吉尔吉斯斯坦到发达的欧盟国家。但对那些无法与自身形成和解的国家而言，这个简单的目标仍然遥不可及。

INTERNATIONAL 域外

做高品位的法律人

来源于爱思想网，作者柯华庆。
原文链接：http://www.aisixiang.com/data/68745.html。

/ 法律人
/ 职业道德

作为常青藤八校中最年轻、规模最大的康奈尔大学坐落在绮色佳东北面的山顶上。

打开网站，有醒目的主题：做高品位的法律人。这是第一任校长怀特先生在那著名的"反讼棍"报告中的期待："我们的目标是保持强有力的教学和高的标准。输出的毕业生，不是像蜂群一样匆忙的讼棍……"

一方面，法律人自然是正义的实施者；另一方面，作为法律人最大群体的律师好像是挑拨是非之人。为什么会有这样完全相反的观点呢？

我只想给出一个朴实的和普适的标准：是否遵循职业伦理。简单说就是他是否对得住他的雇主、他的工资。法律人应该服务于谁？

律师只是为原告或者被告打工的人。胜诉是其追求的目标，使委托人满意的律师才是好律师。

既然法律的目标是人民意志、是共同福利，法官、立法者和法学者就不能偏向于哪一方，即使是弱者。我们要看其为弱者争取的权利是否能够带来共同福利的增长，如果他只是一味地站在某一阶层说话，其实已经偏离了他的职业道德，他已经变成了政客！

事实上，好法官也是为钱工作的。与律师的区别只在于钱从何来，雇主是谁。这种转换不仅可能，而且成为现实。关键他要认识到角色的转换。我们每个人把自己的事情做好，社会就很好了，这是亚当·斯密的理论。

你可以发现在康大法学院"高品位的法律人"主题之下介绍的不一定是法官、律师、立法者或者法学教授。事实上，法律关涉我们社会生活的全部，法律教育不仅仅培养法官或者律师，而是一种理性、追求实效的思维方式。

与澳籍华人对话"陪审员"制度

来源于共识网,作者熊飞骏,中国民间知名人文历史学者。原标题《和澳籍华人关于"陪审员"制度的对话》。
原文链接:http://www.21ccom.net/articles/gsbh/article_2013111995637.html。

/ 陪审员
/ 法庭
/ 监控

　　澳华遇上了一件挺郁闷的事,莫名其妙收到了一张罚款单,整整1100澳币啊!相当于人民币6000多元!入澳籍才两年莫名其妙被当地法院选为"陪审员"了。然后不当回事,不请假不说明理由就无故缺席了,最后得了个罚款教训。

　　民主国家的"陪审员"是随机抽选出来的,没有任何资历和法律知识要求。这些"陪审员",权力却比精通法律的主审法官还要大。法官只是维持秩序和法律程序。由双方的律师依照法定程序在法庭进行控辩交锋,最后由"陪审团"来合议判定犯罪嫌疑人的罪行"成立"还是"不成立"。

　　"陪审员"主要是依据"自然法"来断案。因为一切法律条文最终都要符合"自然法"。对于没有现成法律条文的犯罪,民主国家就用"自然法"来断案。

　　尊重"自然法"防范了口若悬河的无良律师在法庭上玩"弯弯绕"法律游戏。通晓法律条文的法官容易上"法律弯弯绕"的套;不懂法律条文的"陪审员"就不容易被口若悬河的律师牵着鼻子转。比如"校长带幼女开房"依据建立在"良心"、"人道"和"是非观"基础上的"自然法"一目了然是奸幼大罪。

　　为了不让"陪审员"受外界的干扰,公民一旦被选为"陪审员",就必须和外界断绝一切联系,吃住都在受到严密监控的法院里,进入"非正常生活"状态。"陪审员"工作有时是一件令人抓狂的苦差事,但作为一个公民这是你的义务,不能逃避或怠工,否则就是"藐视法庭罪",除非你生病才能中止这一义务。

INTERNATIONAL 域外

涉外婚姻：勇敢者游戏

来源于英国《金融时报》中文网，撰稿人艾若诚。
原文链接：http://www.ftchinese.com/story/001053725。

/ 婚姻
/ 契约关系
/ 离婚

　　在美国生活了这么多年，渐渐体会到，万一到了"不爱"的时候，西方男人的冷酷决绝是很多中国男同胞做不出来的。

　　张爱玲说："当一个男人不再爱一个女人，她哭闹是错，静默也是错，活着呼吸是错，死了还是错。"这是对男人翻脸无情的最好形容，而且是跨文化的传神描述。中国男人要分手，通常还有对女人"一日夫妻百日恩"的稀薄情分，而在契约精神影响下的西方男人，解除关系时那份干净利落和冷酷决绝，简直能让人恨得牙根发痒。我的朋友爱莲，有一天推着童车带孩子散步，回来从邮箱里取到丈夫发来的离婚书。还有一位中国女同事，和美国男友同居一段后对方提出分手搬了出去，女同事又去找了前男友几次。对方就向法院申请限制令，禁止她在离他几百码之内出现。

　　拿默多克与邓文迪来说，东方女人经历了一个错愕，那就是配偶会毫无迹象地突然提出分手。西方文化的很多人评估自己的生活，首要就是问，我快乐吗？在一段关系里不快乐，本身就是足够的终止关系的理由。

　　在离婚文化下长大的美国男女们，往往能比较冷静地处理离婚，也比较开放地接受非亲生的子女。所以他们经营再婚家庭比我们有经验得多。然而我们中国女性，往往当不得后妈，也舍不得自己的娃有后妈。很多中国女性其实是经不起涉外婚姻潜在的风险和折腾的。说得直白一点，就是玩不起。要对自己和伴侣（国籍不论）有点起码要求，那就是为了大家都快乐，能忍受一点自己的不快乐。

新加坡的外劳

来源于腾讯·大家，作者闾丘露薇，凤凰卫视著名记者、主持人。
原文链接：http://www.aiweibang.com/yuedu/dushu/200651.html。

/ 外劳
/ 罢工
/ 成本

新加坡发生外劳（外籍劳动者）骚乱，让很多人正视现实。

新加坡的发展需要外劳，兴建地铁、祖屋、开巴士，但并不希望这些外劳出现在日常生活的视野中，于是安置在偏僻的宿舍里面。至于发生骚乱的小印度，让人觉得那是一个充满了危险的地方；雇主们，从政府到个体，都不愿意付出相应的金钱，从而导致了外劳群体普遍低工资、缺乏公平和医疗保障等问题。

政府和社会，通过各种方式告诉这些外劳：这个城市并不欢迎你们。

因为一辆巴士撞倒了一名外劳，结果导致了一场骚乱。其实，这样的场景并不陌生。

一年前，一百多名在新加坡的中国巴士司机罢工，要求改善居住环境以及调整工资。结果，29名被遣返，4名被判6个星期的监禁，理由是，他们没有提前14天申请。事实上，在新加坡外国人被禁止参加游行，加上外劳们没有工会组织，根本没有机会表达。也因为这样，中国司机们的举动，被称为在新加坡具有重要意义，因为大规模而且让公众知晓的罢工，这是第一次。

劳工权益组织发表声明批评政府还有舆论，没有"充分分析和思考新加坡的劳资关系，以及对低收入工人缺乏保护的现状"。

势利的本地人和商家一样，享受着外来劳工的廉价劳动力。从另外一个角度来说，本地劳动力因外来劳工的出现，收入迟迟不能提升，就业机会也在减少。

说来说去，好像雇主们最为划算，重商政府乐见其成。只是，当矛盾积聚，不知道哪一点小火花就会引爆的时候，整个社会都要付出成本代价。

所以，选择视而不见，真的是 Too simple, sometimes naive。

INTERNATIONAL 域外

被"9·11"改变的世界格局

来源于《东方早报·上海书评》，作者林达，旅美作家。
原文链接：http://www.guancha.cn/LinDa/2013_04_15_138604.shtml。

/ 国家安全
/ 世界格局

"9·11"十九个恐怖组织成员，造成超过珍珠港袭击的伤亡和损失，轻易打赢了一场现代战役，造成空前的全球战时反应。受到毁灭性威胁的国家，和暂时还没有受严重威胁的国家，处于国际立场的两端。

几乎所有宗教和文明都有过冲突的血腥阶段或者说局部冲突。美国民间对美国穆斯林并没有欧洲那样的强烈反弹，荷兰强调"荷兰是荷兰人的荷兰"，主要原因是穆斯林高移民、高出生率造成人口构成迅速改变，产生压迫感。卡扎菲说过，我们只要多等几年。意思是极低出生率的欧洲白人会自然变成少数，文化难以为继。

联合国对国家安全的预防性救援失效。小布什宣布他的新理论：受袭国有权开战，所谓自行执法。基于无预警特点，建立了进一步新理论：先发制人。这是伊拉克战争的起因。

两个新理论最危险之处，都是对"主权神圣不可侵犯"破出缺口。小布什被简化为国际公敌和一切阴谋论主角，如鲜血换石油等，直到伊拉克新政府自行石油招标、中国成为第一个得益国，此类臆断才自行消亡。

奥巴马签署关闭关塔那摩，至今无法履行。被抓获的恐怖分子大多是平民，拿不出符合严格刑事起诉标准的证据。

并非"必要之恶"：小布什必须选择。战争必伤平民。当年，杜鲁门是牺牲更多的中美军民，还是对日本扔出原子弹？

"9·11"的质变，是两端的提升：一端是金融、经济、人群的高度集中，现代社会更脆弱；另一端是高科技急剧提升平民的超强攻击能力。这个趋势前景不容乐观。

美国如何教民众对应恐怖袭击

来源于财新网，特派华盛顿记者唐家婕。原标题《美国政府如何教导民众应变恐怖攻击》。
原文链接：http://international.caixin.com/2014-03-04/100646359.html。

/ 公共意识
/ 网络攻击

当你进入美国各大城市的车站、地铁，几乎反复听见这个朗朗上口的广播："如果你看见什么（可疑的事），请汇报。"这个反恐标语，已经被国土安全部注册专利使用，目的是透过简单易记的方式，提高公共意识，加强可疑行动及犯罪的预防。

2003年2月，美国政府开始了"READY"计划，系统地教育美国民众如何应对自然或人为灾害。"READY"计划分为天然灾害及恐怖攻击两类。天然灾害中，提供对飓风、海啸、地震、火灾、闪电、极寒气候等15种不同情况的应对方针；恐怖攻击中，则有炸弹、核爆、生物威胁、化学威胁、放射性物质、网络攻击共六种。

每种不同分类有各自的应变方式，但共同的交集是三大关键：平时就准备好一个应急用品包、建立一个家庭成员应急计划以及了解不同类型灾难可能发生的情况并有相关知识。

爆炸发生后，从"9·11"恐怖攻击教训所学到的，如民众应该先有一些基本的认知，包含媒体将广泛报道，公众强烈的恐惧感将持续一段时间；工作及上学可能受到影响；将有明显的人员伤亡；清理工作可能需要数月；你与你的家人可能被迫撤离；中央执法机构将进入地方调查等。

网络攻击是最新、应变方式最不同的一种。一旦网络攻击发生，"马上中断你的网络"，并通知技术人员……最后，与当地警方报案，使这项攻击行动有正式记录。因为"有组织的网络犯罪，特别是国家资助的黑客及网络间谍行动，对我们造成国家安全风险"。

INTERNATIONAL 域外

韩国军队严重歧视女性

来源于纽约时报中文网，作者金英夏(Young-ha Kim)，小说家。本文由克里斯·李(Krys Lee)从韩文翻译成英文。中文翻译王童鹤。
原文链接：http://cn.nytimes.com/opinion/20140307/c07kim/。

/ 女兵
/ 士官学校

韩国空军士官学校最近决定，要把毕业生的最高奖项总统奖章颁发给第二名，而不是第一名。很多韩国人看来，真正原因不言而喻：第一名是女生，第二名是男生。

韩国最开始允许女性入伍是在朝鲜战争期间的1950年。2013年，在共计有63.9万人的武装部队中，女兵人数超过了8200名。现在几乎所有兵种中都有女兵的身影，但是针对她们的歧视却并没有缓解。

韩国国家人权委员会2013年调查报告中指出，军队中接近12%的女兵经受过性骚扰，71%的女兵发觉她们的上司更青睐男性下属。

女兵面临的问题在军事院校中也得到了反映，但她们的应对举措却并不恰当。

去年5月，一名二年级女生被四年级男生强奸后，韩国陆军士官学校更严厉地实施"三项禁令"——禁止结婚、抽烟和饮酒。6月，海军士官学校发布了《女生异性关系指导手册》。

禁止结婚的逻辑令人困惑。已婚的军校学员制造麻烦的可能性要低很多。发给女生的手册明显令人不快：它暗示，受到袭击的女生自己要承担责任。

今天，参军意味着拿着有限的薪水，驻扎在韩国最冷的地区之一。然而军事院校在女性当中却很受欢迎。2010年数据显示，女军人的生育率为1.61个孩子，但全国平均水平则是每人1.15个孩子。

2月25日，朴槿惠总统表示，"我们必须保证，有才干的女性在职业生涯中不要总是遇到干扰。"朴槿惠也是军队的统帅。如果军队能扫除性别歧视行为，将对整个社会影响巨大。

最后，空军士官学校重新进行了审查，决定把奖项颁发给第一名的女生。

美国为什么允许公民拥有枪支

来源于价值中国,作者迟竹强。
原文链接:http://www.chinavalue.net/Finance/Blog/2014-3-17/1021489.aspx。

/ 枪击事件
/ 自由
/ 权利

最近20年美国校园不断发生恶性枪击事件,国人一定会想为什么美国允许公民拥有枪支。

据一个去过美国的大学老师讲,是因为"美国人民有推翻暴政的自由"。1776年7月4日,托马斯·杰弗逊起草《独立宣言》,"当追逐同一目标的一连串滥用职权和强取豪夺发生,证明政府企图把人民置于专制统治之下时,那么人民就有权利,也有义务推翻这个政府,并为他们未来的安全建立新的保障"。

没枪怎么推翻暴政?没枪当年美国人拿什么来跟英国军队斗?出于对暴政的天然防备心理,美国法律坚决保证人民持枪的权利。和凶杀案相比,暴政更让人恐怖。也使作为个人的美国人对保护自己的私有财产和土地的信心大增。在美国,私人领地受到侵犯,你有权开枪。

一名犹太裔美国人感到奇怪:这些牺牲者怎么会无力反抗?他发现,希特勒上台之后,设法逐步没收枪支,以致犹太人只能束手待宰。如果一个美国农民土地被掠夺了,这时候开发商来拆他们的房子,他们至少可以拿起枪与开发商打一仗。

对这种代价昂贵、只有潜在意义的自由和权利,在支付了有目共睹的惨重代价之后,为什么至今没有放弃呢?这是因为他们始终坚信两百年前建国者的理论:对于"政府"这样一个人类所创造的"怪兽"必须时刻"防其失控"。所以,政府只能通过再三呼吁,来减轻持枪犯罪的危害程度,而对于彻底禁枪,由于《宪法第二修正案》的存在,政府是永远做不到的。

INTERNATIONAL 域外

印度何以成女性梦魇之国

来源于《世界博览》，作者阿都。
原文链接：http://blog.sina.com.cn/s/blog_3e7850a50101ejd6.html。

/ 印度女性
/ 歧视
/ 暴力犯罪

16岁的受害少女，家住西孟加拉邦首府加尔各答附近的一个小村庄，在住家附近遭到一伙人轮奸。次日，她前往警察局报案，在返家途中又一次受到多人性侵。12月23日，女孩遭这伙人放火袭击，在新年前夜死于国立医院。警方进行尸检时赫然发现，女孩还因强奸怀有身孕。

就在几周前，"新德里黑公交轮奸案"4名强奸犯被判绞刑。印度平均每3分钟发生一起针对女性的暴力犯罪，每22分钟就发生一起强奸案，比索马里还要糟。

印度宗教中纵欲主义是不容忽视的渊薮。印度女性的身体除了生育，主要是用来供男人娱乐、泄欲。印度中央调查局局长兰吉特·辛哈称："如果你无法阻止强奸的发生，不妨去享受它。"

男尊女卑的观念深植人们心中。印度女子连生存的权力也没有，最野蛮的是亡夫殉葬，妇女在丈夫死后火化时，自己跳入火中。

女性地位与贱民相当。印度人的婚配是高种姓男子娶低种姓女子，这就导致高种姓女子和低种姓男子过剩，一夫多妻和丰厚嫁妆现象。印度开国总理尼赫鲁在1961年力主通过了《反嫁妆法》，但屡禁不止，每年约有9000名印度妇女自杀或者被活活烧死。

由于人口的"雄性化"，"童婚"、"换婚"、"群婚"、"租婚"等死灰复燃。因审判程序冗长、执法效率低下，加尔各答的这名受害人在第二天（去年10月26日）就报了警，但警方一直拖到今年1月1日才对涉案的6名嫌疑人实施抓捕。

他们为什么无罪入狱

来源于摄影师网站，作者安非。
原文链接：http://fotomen.cn/2014/04/innocents/。

/ 牢狱
/ 裁决

摄影为我们带来美好的瞬间，在有些时候，照片会混淆人们的记忆，成为编制谎言的工具。美国女摄影师 Taryn Simon 横穿整个美国，呈现多位因为受害者误认照片而枉受牢狱之灾的无辜犯人，对照片中的人来说，照片不再是提供证据的工具，而是将他人的错误化为事实的恐怖凶手。

Taryn Simon 说：我调查了摄影混淆是非的能力，以及它对于记忆的影响。这样的影响可以导致非常严重甚至致命的后果。看完混合草图、宝丽来一次成像、脸部图像和一排人的图像后，目击者的证词可能会改变。一个妇女被强奸了，而后警方给了她一系列的照片，她对其中一张照片有点眼熟，但并不能完全确定这个人就是罪犯。几天后，警方又给她一个新的照片系列。不过第一系列照片中只有之前她表示眼熟的照片重新出现在第二系列中。于是，她做出了一个十分肯定的指认，因为即使她真的有记忆，照片也取代了她之前的记忆。

在"The Innocents"系列中，照片中每个人都曾遭遇了因被指认错误而无辜蒙受牢狱之灾的苦难。照片为犯罪裁决系统提供了一个能把无辜的人变成罪犯的工具，而犯罪裁决系统并不能意识到倚靠照片来指认的缺陷。

Larry Mays 在牢狱中度过将近 19 年。受害者当初在两次的指认照片中都不认为是 Larry，直到第三次才认定是他。Troy Webb 服刑 7 年。受害者认为他看起来年纪太大，因此不确定，警方后来找出他四年前的照片，并放进指认照片中，Troy 就成为受害者记忆中的犯案凶手了。

INTERNATIONAL 域外

被高自杀率困扰的韩国

来源于纽约时报中文网，作者金英夏 (Young-ha Kim)，小说家。翻译王童鹤。
原文链接：http://cn.nytimes.com/opinion/20140408/c08kim/。

/ 自杀率
/ 预防
/ 抑郁

作为《我有毁坏自己的权利》一书的作者，人们经常问我，在我看来韩国自杀率如此之高的原因是什么。

在1997年亚洲金融危机之后，韩国自杀率飙升。一连八年位居发达国家之首。

"生命之桥"的宣传项目是官方应对自杀时不得要领的典型范例。首尔的麻浦大桥横跨汉江，有太多人从桥上跳下护栏求死。2012年，首尔市政府和三星生命保险联合发起了一个项目，要把"自杀大桥"转变为"生命之桥"。有人走近护栏时，面板就会点亮，向行人致以这样的问候："我知道你这段时间过得不容易"，或者"你今天感觉怎么样？"

一年之后，跳下麻浦大桥自杀的人数达到了原来的六倍。"生命之桥"的文宣反而吸引了自杀。

研究显示，尝试自杀的人中有60%患有抑郁症。有太多人对心理疾病持有陈旧的观念。"三分之一的抑郁症患者在治疗过程中会放弃。许多患者认为，他们靠宗教生活或体育锻炼就能克服抑郁症，这是最大的问题之一。"有太多韩国人把自杀当成了摆脱现代社会生活压力的可行的退路。这种态度必须转变。

2013年，釜山成了韩国第一个开始对自杀高危人群进行关注的城市。他们参照了芬兰的范例。1992年时，芬兰自杀率处在全球最高的水平，当时官方实施了类似的系统，成功地把自杀率降低了40%。

在全国层面，自杀预防服务的全国预算接近700万美元。与此相对比，日本在预防自杀方面投入的资金有1.3亿美元，而且那里的举措取得了很好的效果。

Ⅲ INTERNATIONAL 域外

美国牛仔为何持枪瞄准法警

来源于共识网之思想者博客,作者鄢烈山。

原文链接:http://yanlieshan.blog.21ccom.net/?p=130。

/BLM
/权力
/权利

当今世界好戏连台,美国内华达州又上演了一出"牛仔"与联邦执法武警对抗的"大片"。

20世纪80年代,美国政府有关部门将一种乌龟列为濒危动物;90年代,联邦土地管理局(BLM)将成百上千英亩土地划为保护区。68岁的牧场主克莱文·邦迪的牧场在保护区内,他因坚持放牧而不断被罚。

在2014年3月15日,BLM计划扣押那些越界放牧的牲畜。随后邦迪向克拉克县警方提交了一封题为"战争告急,要求保护"的告知书。邦迪的14个孩子、52个孙子都集中在家里,等待BLM的到来。

4月5日,美国联邦土地管理局和国家公园管理局联合展开行动,对"钉子户"克莱文·邦迪的牧场武力清场。计有9架直升机、200名州武装警察和狙击手,还有一些花钱雇来的佩枪牛仔。执法者强行扣押了邦迪的400多头牲畜。邦迪的两名家属在对峙中受伤。

出乎意料的是,BLM人员用枪对着邦迪之子的画面被公布后,上千名携带枪支的支持者从邻近州赶过来支援邦迪。一些右翼组织也前来助阵。

4月12日,BLM被迫宣布撤退,返还扣押的牲畜,但声明要继续跟进此事。

据说这场争斗引发关于州权与联邦权力的热议。这里涉及公民的反抗权,以及联邦与州之间的"主权"之争。

邦迪说,即使他的主张有问题,也用不着劳驾联邦政府,因为这里是内华达州的土地,是内华达的主权。邦迪声称,他的祖上早就在这河谷沙漠地带放牧为生,他继承的是"历史性权利",因此他决定武装保护他的"神圣牧场"。

INTERNATIONAL 域外

勇敢站出来制止性侵害

来源于《纽约时报》，作者迈克尔·万里著，翻译老S。

原文链接：http://cn.tmagazine.com/education/20140331/t31sexassault/。

/ 干预
/ 侵犯

"旁观者的干预"课程非常简单，因此很可能作为减少大学校园性侵害案的最佳方案。假设在一个派对上，一个喝醉酒的男生正在对一个同样喝醉的女生动手动脚，那么附近的某个人（旁观者）就要在此刻挺身而出（进行干预），把他们俩其中一个弄走。

干预措施包括：在派对中忽然把灯打开或是关掉音乐；"不小心"把饮料洒到侵犯者的身上；组织大家集体跳康茄舞并把正在骚扰某个女士的男生拉进舞池。不过她最喜欢的方案是一个年轻女生提出来的，她说自己曾经走到喝醉的女朋友身边大声说："你要的卫生巾给你找来了。""那绝对是一支强力灭火剂"，斯达普林顿女士说。

说到底，这个课程的目的就是为了防止人们在派对上喝得酩酊大醉之后玩过界，做出一些出格的举动，譬如性侵犯。"我们绝不想要塑造一个'旁观警长'这样的角色"，斯达普林顿女士说。在大多数情况下，一个喝醉的侵犯者都不会意识到自己已经开始越界了。

此外，在这个课程中，男性也和女性一样成为号召的对象。如果一个年轻男子因为性侵犯而被捕，这个罪名也会跟随他的一生，形成难以抹去的污点。

西马萨诸塞州的地方检察官大卫·沙利文（David E. Sullivan）先生每年也会处理来自五个校区的数十起性犯罪案件，每五个女生中就有一个曾在大学期间遭到过性侵犯。对此，很多大学已经做出了积极的回应，譬如围绕"旁观者的干预"项目发起了一些预防性暴力的活动。

INTERNATIONAL 域外

日式反腐：用公家的东西是天大的事

来源于 新周刊·新浪博客，作者郭小为。
原文链接：http://blog.sina.com.cn/s/blog_490075660102e5jr.html。

/ 制度
/ 反腐
/ 惩戒

　　二月下旬，凤凰卫视新闻主播杨娟发了一条微博："日本外务省的爱子小姐说：政府花钱极其小心，各种情况都有明文规定，用一点点公家的东西，都是天大的事情。"

　　任志强只回了两个字：制度！

　　1988年发生的"利库路特事件"，成为日本"二战后最大贿赂事件"。一批涉案人员被抓，时任日本首相竹下登黯然下台，执政的自民党也遭到惨败。2008年，1402名日本公务员，用公费坐深夜出租时接受司机揽客用的啤酒、小吃及小额现金，民众哗然。

　　在这种情况下，日本为公务员职业道德的法制化铺路。通过了《公务员伦理法》，制定具体事项的《公务员伦理规章》，两者于2000年4月1日一并实施。典型的例子是，打高尔夫球或玩麻将牌等游戏时，即便是"费用均摊"也属于禁止范围。

　　与《伦理法》相结合的还有其他改革措施。2001年4月1日，《信息公开法》开始实施。这部"以每一个国民均可以请求公开行政文书的制度为核心"的法律，使得"在公务员中不允许存在无法向国民解释的行为"。以2011年为例，被要求公开的行政文书中就有98%以各种形式被公开了。此外，完善国会体制、强化会计检察院职能、对一般性惩戒处分严格化等措施也被推上了前台。随着法律的不断调整和修正，《伦理法》的接受度变得越来越大，容易滋生腐败的"应酬文化"也得到了整体改观。

　　国际反腐组织"透明国际"每年公布廉洁程度排行，2013年，177个国家中，日本为第18名。

INTERNATIONAL 域外

韩国问责沉船船长启示中国

来源于共识网，作者熊建明，原标题《韩国追究沉船船长责任给中国法律的启示》。
原文链接：http://www.aiweibang.com/yuedu/484708.html。

/ 问责
/ 政党

2014年4月16日，载有476人的"岁月"号客轮发生意外进水事故并最终沉没，只有174人获救。韩国沉船由一个特大事故演化成一个举国上下齐呛声、反省的特殊政治和法律事件。

在政治方面，韩国总理郑烘原宣布引咎辞职。在法律方面，岁月号客轮上当值的所有船务职员，都已或逮捕或拘留，同时正式着手调查船主公司。

韩国各界的应急举措至少在七个方面值得中国注意。一是事故搜救。抱定尽可能打捞上来所有可能遇难者的遗体的搜救宗旨，为防止海水冲走遗体，提前在相关沉船海域周围设置障碍，请求各国提供技术支持和设备配合。二是责任追究。上午事故发生，下午警察厅就传唤了失事客轮轮机长在内的九名乘务员，截至27日完成了对所有15名船员的刑事程序。三是家属安抚与信息通报。家属统一安置在体育馆内，以实况转播搜救进程。四是政府发布适时进展。成立中央对策本部统一对外发布新消息，使举国上下都全力关注搜救打捞工作。五是新闻报道的自律性分工与深度挖掘。新闻报道对搜救与打捞进度则以政府通报为准，对搜救打捞工作以外的事故——后期演化为事件，予以深度发掘和报道。六是全社会自觉行动。设立失事遇难者的悼念地点；社会媒介自动停止电视剧及综艺节目的播出；对逃跑的船员迫使他们向国民道歉谢罪；责难政府未予善待学生家长。七是包括反对党、新闻媒体与专业协会在内的全社会，对政府的空缺与失误紧追不放，逼使执政党在政治与国家层面作出回应。

INTERNATIONAL 域外

新乱世佳人：说说克里米亚美女总检察长

来源于腾讯·大家。作者朱江明，知名军事专栏作家、中国人民大学国际法博士、军事及国际政治评论人。
原文链接：http://dajia.qq.com/blog/396343042699937。

/ 总检察长
/ 危机

克里米亚总检察长娜塔莉亚·波科隆斯卡娅，成为剑拔弩张的乌克兰局势中一道亮丽的风景。

考察其简历所透露出的女汉子形象跃然纸上。娜塔莉亚·波科隆斯卡娅生于 1981 年。在上任总检察长之后，这位美女大刀阔斧配合克里米亚当局发起一系列诉讼，逮捕了 20 多个当地组织的头目和前乌克兰官员，由此被基辅当局骂为俄罗斯人的走狗，颁令通缉。但是其抓捕的对象，大都是一些当地具有鲜明纳粹色彩和暴力倾向的组织，其中一些组织，之前还被乌克兰方面指控受到莫斯科的操纵。

娜塔莉亚的走红，在很大程度上让俄罗斯摆脱了舆论上的被动。西方媒体也对这位略显青涩的美女颇感兴趣，称之为"克里米亚的玫瑰"，为此还引来日本人的不满，在网上还发起了一个坚持称波科隆斯卡娅为"克里米亚的樱花"的运动。

这些花边新闻，波科隆斯卡娅本人未必有机会知道。互联网的普及使得关注度成为了一个能与经济、政治生活挂钩的东西。能够吸引最多人的关注，就能够影响甚至左右现实的政治和经济生活。尽管对娜塔莉亚本人的关注，其起点似乎并不那么说得出口——看看日本粉丝的留言便不难体会这一点——但她的美貌毕竟引发了世人对克里米亚的关注。也正是她的存在，使得媒体能够有可能从另一种视角，审视乌克兰危机的种种现象。从这一点来说，这位检察长的选择，算得上是俄罗斯在此次危机中的神来之笔。

INTERNATIONAL 域外

日本反腐如何打"苍蝇、老虎"

来源于新浪新闻专栏之观察家，作者徐静波，亚洲通讯社社长。
原文链接：http://news.sina.com.cn/zl/world/2014-05-15/11391416.shtml。

/ 法律制度
/ 道德体系

日本在东京地方检察厅里,设置了"特别搜查本部",搜查逮捕过日本前首相田中角荣、自民党前副总裁金丸信,也搜查过日本"政坛枭雄"小泽一郎。

今年初,东京都知事猪濑直树(67岁)被控接受了医疗法人机构"德洲会"5000万日元(约312万元人民币)的政治献金。根据日本政治资金规正法,如果政治家接受政治献金,必须要在个人的政治资金报告书上明确写明。猪濑没有写,于是遭到舆论的追究,同时也遭到东京地方检察院特别搜查本部的调查。猪濑不得不宣告辞职。可见,日本"打老虎"没有"双规"这一环节,媒体记者往往已经充当福尔摩斯,调查得清清楚楚,而且会追着嫌疑人表态认罪。

日本也打了几只"苍蝇"。东京地铁公司的铁道本部担当部长5年间,使用公司用于公务乘车的IC交通卡支付私人交通费等,约为5万日元(约3000元人民币)。东京地铁公司认为属于贪污行为将其开除。

兵库县三田市立医院的院长8年间陆续接受了患者约计50万日元(约3万元人民币)谢礼,被人告到市政府后,这位院长已经将谢礼全额归还,向市长提出了辞职。日本司法的断案不在于金额大小,而在于问题的性质。在一个信用社会里,再也不会有人请他做院长,或许他将从此告别医生生涯。

在日本,犯罪的成本是巨大的,而严格的法律制度和道德体系,毫不留情的执法,才使得这个社会的权力者不敢轻易越雷池半步。

INTERNATIONAL 域外

瑞士废除银行保密制的真相

来源于共识网，作者刘植荣。

原文链接：http://www.21ccom.net/articles/qqsw/qqgc/article_20140519106192.html。

/ 信息
/ 泄露
/ 反腐

2014年5月6日，瑞士与46个国家签署《税务事项信息自动交换宣言》，承诺执行银行间信息自动交换全球新标准，"避税天堂的时代已经结束了"。

1713年，瑞士日内瓦市议会通过法律，不得把客户信息泄露给第三方。某些案件要求提供客户账户信息，但前提是其银行客户必须是明确的法律诉讼主体。保密只是针对第三方，客户不能匿名存款。瑞士银行在以下四种情况下可交出客户信息：民事诉讼，债务清偿和破产，刑事诉讼，国际犯罪司法互助协议要求。

"二战"中，纳粹德国想调查瑞士银行里犹太人和德国认为是"敌对国"的财产，银行保密法未能让其企图得逞。但瑞士奉行中立政策，也为纳粹德国管理了大量战争经费。受害者存在瑞士银行的资产被银行私吞，瑞士银行的前保安人员揭露说，瑞士银行销毁了遭纳粹屠杀客户的资料。

瑞士联合银行雇员布莱德雷·博肯菲尔德2007年向美国举报该银行帮助美国公民逃税，让美国从4000多个公民账户那里追缴了4亿美元的税款。瑞士联合银行交了7.8亿美元的罚款。

美国是通过法律制裁强迫瑞士银行无条件交出美国公民账户信息，但英国和德国则通过双方协议的方式。欧盟认为，英国和德国与瑞士达成的在不公开账户信息前提下的代缴税义务，不会实现税收公正，发起了与瑞士的集体谈判。

查不查贪官、查的力度大小还是由各国政府决定。其实，世界银行早就建立了各国官员财产公示数据库，各国都可以向其提出协助反腐请求。打击腐败关键还是靠本国政府的决心这个内因。

INTERNATIONAL 域外

《赦免》：
原来判决书可以这样写

来源于新浪微吧，文章原出处以及作者不详。
原文链接：http://weiba.weibo.com/10015/t/zF2QT7oop。

/ 判决
/ 无罪释放

  20世纪80年代，在比利时布鲁塞尔有这样一个案件：一名女子在半夜不慎掉下露台受了重伤，一名男子路过时发现了伤者，这名男子洗劫了毫无反抗能力的受伤女子，然后又不忍女子伤重而亡，于是报警后离开。

  事件经过被附近的监控摄像头拍摄了下来。于是警察成功地抓获了这名男子，并予以起诉！在经过长达四周的激烈辩论和商讨后，法庭最终作出该男子无罪释放的判决。

  法官的判决是这样陈述的：每个人的内心深处都有脆弱和阴暗的一面，对于拯救生命而言，抢劫财物不值一提。虽然单纯从法律上说，我们的确不应该为了一个人的善行而赦免其犯下的罪恶，但是如果判决他有罪，将会对整个社会秩序产生极度负面的影响！我宁愿看到下一个抢劫犯拯救了一个生命，也不愿看见奉公守法的无罪者对于他人所受的苦难视而不见！所以从表面上看，今天法庭不仅仅是单纯地赦免了一个抢劫犯，更深远的，是对救死扶伤的鼓励，是对整个社会保持良好风气的促进传承。

INTERNATIONAL 域外

让大法官头痛的探望权官司

来源于《法治周末》,作者林海。

原文链接:http://www.legalweekly.cn/index.php/Index/article/id/3089。

/ 公权力
/ 违宪
/ 基本权利

公权力在何种程度上可以介入家庭自治？对此，美国联邦最高法院也曾左右为难。

对于特罗赛尔诉格兰维尔案，最高法院认定，应推定作为母亲的格兰维尔，对于子女的最佳利益有着最为直接的判断权，她有权决定是否允许作为祖父母的老特罗赛尔夫妇进行探望。

多数意见也承认，当今美国家庭结构不再是20世纪60年代时的"核心家庭"（家庭以子女为核心，由夫妻双方围绕构成）的状态。一边是有着实质联系的第三人，另一边是因为家庭结构变化而可能不再是子女最佳利益决定者的父母，这二者的对抗不应再像过去那般绝对偏向父母一方。

特罗赛尔诉格兰维尔案历经斯卡吉特郡法院、华盛顿上诉法院、华盛顿最高法院和联邦最高法院四审。最终联邦最高法院的多数意见仍然只是就此案件作出判决，联邦最高法院的谨慎可见一斑。这一案件除了涉及"隔代探望与家庭自治"之外，还涉及了"司法激进"这一敏感问题。

因此，尽管大法官奥康纳最终只是宣称华盛顿州相关法律仅仅是在此案上因违宪而无效，可以想见，在社会结构未发生剧变之前，各级法院都将受到此先例的约束或指导，此类诉讼将大大减少。

特罗赛尔诉格兰维尔案表明了联邦最高法院的某种态度：尽管核心家庭已经不再是主流的家庭结构，但作为社会基础的基本权利义务关系并未发生改变。个体的基本权利仍然受到宪法的保护，对个体权利和自由的干涉，只有在符合严格甚至严苛条件的情况下，才可以进行。

INTERNATIONAL 域外

杰西卡法案诞生记

来源于《中国周刊》，记者焦东雨北京报道。
原文链接：http://www.chinaweekly.cn/bencandy.php?fid=63&id=6732。

/ 法律漏洞
/ 法律草案

2005 年时，马克 42 岁，杰西卡 9 岁，在霍莫萨萨小学读三年级。住在索纳塔大街，杰西卡偶尔会在屋外骑车、和宠物达克斯猎狗"软木塞"玩耍。

在失踪的头三天里，杰西卡被关在离家 60 米远一栋灰色拖车房里。警方并未进屋搜查。那栋房子的主人是一位女士，她的弟弟约翰是个登记在案的恋童癖。

约翰承认，把杰西卡掳至住处，强奸了她，在壁橱关了三天后，把她活埋了。

2005 年之前，美国联邦层面的主要法律条款，一是要求对性犯罪者执行严格的登记制度；二是对获释的性犯罪者，要对社会公告。

研究显示，性侵儿童的罪犯会重复犯罪，因此美国的立法重在预防与遏制。

但前述法律的漏洞是，如果性犯罪者获释后搬离登记住址，并且不主动及时在新住址登记的话，实际上他们就处于不被警方监控、更不为周边居民所知的状态。而杀害杰西卡的约翰曾因盗窃、醉驾、露阴等指控 24 次被捕。此人是个恋童癖。

马克借助媒体反复指责这一法律漏洞以及执法机构的疏忽，要求制定更严苛的法律。很多人都怒火难平，加速了立法进程。一部以杰西卡名字命名的法律草案得以成型。

杰西卡法规定：对被认定性侵 12 岁以下儿童的罪犯，将被强制判罚监禁最低 25 年，最高终身；成年性捕食者侵害 12 岁以下儿童的，若获释将强制终身佩戴电子监视器。

州议会还批准拨付超过 1100 万美元支持该法，其中 390 万美元用于购置电子监控仪器，360 万美元用于添置监狱床铺。

截至 2013 年，已有 45 个州通过了各自版本的杰西卡法，其中马克游说过约 35 个州。

INTERNATIONAL 域外

杜克大学"轮奸案"的惊人逆转

来源于《南方周末》，原标题《杜克大学曲棍球员曾涉嫌轮奸 案件惊人逆转引反思》。
原文链接：http://sports.sina.com.cn/o/2013-07-28/15346692997.shtml?wbf=more。

/ 审判
/ 辩护权

2006年3月12日晚上，杜克大学曲棍球队聚会，非裔脱衣舞女郎克里斯陀·曼格姆受雇表演。没人想到，这名大学生舞女指控三名球员轮奸了她。

县地区检察官迈克·尼冯向电视新闻记者声称，"这里所发生的事情是自我担任地区检察官以来发生的事情中最糟糕的一件。"

各路媒体不再谨慎地进行无罪推定。2006年4月21日，克里斯陀·曼格姆的名字首次被一个博客曝光。

互联网搜索的信息，构建起案件中的各种角色形象。媒体表现出对曲棍球队员固有的成见，有两名涉案队员出身于金融界家庭。"受害"舞女，是一个"品行端正的受害者"、身为两个孩子的母亲。

连杜克大学的88名教师也集体谴责被诉球员。

让人大跌眼镜的是，此案最终实现逆转，关键来自舞女自己。

辩方律师与舞女进行数次交流、沟通后，舞女承认自己与三名球员之间所发生的仅为通奸行为。

2007年4月17日，北卡罗来纳州总检察长宣布这几名球员无罪，在报告中说："没有医学证据证明原告所说的一切。"

检察官迈克·尼冯被取消律师资格，在后来政府和杜克大学提起的民事索赔中，迈克·尼冯败诉并宣告个人破产。

此案最独特的地方在于，这个大学的教授通过媒体和学术的力量，给自己的学生招来了一场本可以避免的诉讼。他们接受的是来自公共舆论而非法院的审判，并最终导致人们急于下判。

一边倒地站在所谓弱者一边，对所谓上层强者形成"舆论审判"的情况下，应当充分允许和保障嫌疑人的辩护权和言论自由权，给他们以说话的机会。

INTERNATIONAL 域外

1991年:"威廉·肯尼迪强奸案"悬念和思考

来源于检察风云杂志的微信公号,作者周大伟,此文为作者为《中国新闻周刊》撰写的专栏稿的未删节版。
原文链接:http://blog.sina.com.cn/s/blog_515a207d0101gn1n.html。

/ 陪审团
/ 陪审员
/ 强奸罪

发生在佛罗里达州棕榈滩上的"威廉·肯尼迪强奸案"是一个典型例子。1991年3月30日这天晚上，威廉.肯尼迪和几位亲友到酒吧去喝酒跳舞，与刚结识的女子帕特西娅·鲍曼相谈甚欢。稍后，二人一起回到别墅的海边。

故事从这一刻开始出现两种版本。

第二天，帕特西娅向警方报案，指控威廉强奸。威廉很快被逮捕归案。肯尼迪家族孙辈涉案强奸的消息随即传开。肯尼迪家族也毫不示弱——马上聘请了两名刑事辩护律师做无罪辩护，两名律师马上想到要找刑事证据鉴定专家李昌钰博士。

检验出来了：精液比对吻合。但却明显缺乏有关显示强迫行为的证据。

李昌钰蹲在肯尼迪家族豪宅的碧草上沉思，掏出一块白手帕。

1991年12月2日此案正式开庭。检方向陪审团说明被害者身上的精液确实来自威廉本人。帕特西娅眼泪汪汪地控诉着威廉当晚的暴行。

随后，李昌钰博士以专家证人身份出庭作证，向陪审团介绍了法国物证技术学家洛卡德提出的"微量物质转换定律"，依检方说法，女方衣裙和内裤应当留下明显的微量物质转换痕迹。

李昌钰拿出在水泥地和草地上摩擦过的白手帕，交给陪审员传阅。接下来，将女方的衣服高倍放大照片展示给陪审团看："经过彻底的查证，都没有发现任何破损的纤维及草地的痕迹，这表示他们并没有在草地上待过，也没有在水泥地上挣扎过。"显然，上述鲜明比对，对陪审团形成巨大冲击力。

最后，所有的陪审员一致裁定强奸罪不成立。

威廉·肯尼迪究竟是否强暴了帕特西娅，至今仍然是个未解之谜。

INTERNATIONAL 域外

"对腐败零容忍"应学日本

来源于《中国青年报》，作者曹林。
原文链接：http://www.chinanews.com/gn/2014/05-16/6176501.shtml。

/ 腐败
/ 容忍

　　日本20世纪八九十年代也曾被腐败丑闻缠身，痛定思痛后在参议院中全票通过的《国家公务员伦理法》，使日本的清廉指数此后稳定排在世界第17位左右。

　　日本驻华参赞有马孝典先生系统地介绍了"零容忍"的表现。比如《国家公务员伦理法》不仅禁止公务员"以职务或地位之便谋取私利"，甚至禁止一切"引起国民怀疑或不信任的行为"，让公务员没有漏洞可钻。比如说，打高尔夫球或玩儿游戏时，即便"费用均摊"亦属禁止范围。专门的"伦理审查会"事务局还编写了《国家公务员伦理规章事例集》，就何种行为是被禁止的，何种行为是被允许的举出各种各样的案例，一一加以明确。穷尽了所有想到的可能违规，几乎没有个人随意判断的余地了。规定之下，有公务员用公费深夜乘坐出租车时接受司机所提供的啤酒及小吃也受到严厉处分，用看得见的事实诠释了"零容忍"的含义。

　　日本实施了这部法律后，曾遇到了来自公务员群体的巨大阻力。有批评称，伦理限制条目烦琐，难免使国家公务员畏首畏尾，影响正常公务的执行。但当时顶住了压力，法律是2000年实施的，到2009年支持率为71.1%，而觉得严厉的只剩下26.5%。什么样的法律和执行情况塑造什么样的公务员人格，公务员习惯了"零容忍"，就会渐渐接受；习惯了"花点儿公款算什么"，结果必然是腐败横行。

《星期日泰晤士报》：
英伦"无间道"

来源于南都周刊，原文载《星期日泰晤士报》，编译七猫。
原文链接：http://www.nbweekly.com/news/world/201307/33805.aspx。

/ 警察
/ 犯罪事实

2006年的11月，麦克凯维当时是重案组组长，他决心要在伦敦奥组委征地之前把亨特这个东伦敦"土霸王"逮捕归案，避免让纳税人的钱财落入黑帮的手中。

对伦敦警察厅的秘密档案进行重新分析后，他们发现，原来在亨特的"家族犯罪组织"后面，撑腰的竟是一个警察网络，帮助亨特有效定位自己的"敌人"，进而实施威胁，哪怕这个"敌人"是警方保护的证人，甚至自身就是警察。

事实触目惊心，但行动被迫叫停。上司狠狠地批评了麦克凯维，指责他没有顾及"政治后果"。然后，拒绝继续提供资金。

麦克凯维连续接到了线人警报，亨特出了100万英镑雇用了杀手来除掉"对亨特有威胁的人"。线人还告诉三个名字，这是帮助亨特来除掉他们的警方探员，而这三个人，就是麦克凯维在东伦敦警察局的同事。

伦敦警察厅反腐败小组却开始对麦克凯维本人进行反腐败调查；与亨特相关的两场诉讼一并搁置，哪怕整个调查过程已经花费了数百万英镑。

麦克凯维被停职，等到2010年的时候，他们全部被宣判无罪，但是，麦克凯维已经从精神上崩溃了。

幸好，麦克凯维并不是一个人在战斗。2010年，《星期日泰晤士报》记者吉拉德发表了《纳税人赞助的奥组委正从黑帮头目那里买地》的文章，揭露亨特。亨特以诽谤之罪名告上法庭。

在随后三年中，《星期日泰晤士报》花费了大量钱财，去进行本该由警察厅完成的调查。法官西蒙裁决诽谤罪名不成立，从而确认报道中亨特的犯罪事实为真。随后，亨特被警方逮捕。

ESSAY 随笔

ESSAY 随笔

父亲到死一步三回头

来源于新浪博客,作者袁劲梅,本文获《侨报》2005年"五大道纪实文学"首奖,原载《美文》2005年第9期。
原文链接:http://blog.sina.com.cn/s/blog_48625ffe010002aa.html。

/ 环境
/ 污染

那条从天际流进诗里和画里的长江,突然关闭了博览千帆万木的宽阔胸怀。

父亲写着:"鱼,鱼,长江葛洲坝的鱼是要到上游产卵的。"父亲像很多老人一样到美国来看望他的儿女。才到一天,又坚决地说:"长江鱼儿回游的时候,我一定要走。"这个规矩从70年代建了葛洲坝开始。鱼儿没能懂得人的语言,也看不明白"过鱼道"的路标,傻乎乎地停在坝的下游,等着大坝开恩为它们让条生路。鱼类生物学教授只好带着研究生用最原始的水桶把那些只认本能的鱼兄弟一桶一桶运过坝去。

他写了:"鸭子,上海浦东的鸭子是长江污染的证明。"从七十年代末起,人们发现上海浦东,崇明岛一带肝癌的发病率非常高。父亲选择研究在长江下游生活的鸭子。这一带的鸭子活到两年以上的多半得了肝癌,长江下游水质严重污染。

"要教育长江流域的老百姓。"父亲在N大学的办公室里堆满了大大小小污染变形鱼和动物标本。可长江沿岸的造纸厂和印刷厂依然往长江里排含铅的污水,肺结核病院和精神病院依然往长江里扔废弃的药品。

母亲在照片下写了一行字:"相濡以沫,不如相忘于江湖。"他回中国的飞机票都买好了。却终未能成行。父亲去世前几天全身的皮肤瘙痒,吐血不止。死因可能是铅中毒。母亲在长江鱼儿回游的季节到来之前带着父亲的骨灰回去了。回到南京,系主任愧疚地说:因为书记倒期货,钱全赔了。实在拿不出钱来开追悼会。

父亲袁传宓,毕业于金陵大学。七十年代,一有正常工作的机会,他就全力为长江的环境保护奔走,呼喊,直到死亡。这就是父亲的一生。很简单。

我如何开始书写美国

来源于财经网,作者林达。
原文链接:http://www.takungpao.com/opinion/content/2012-08/16/content_945926_2.htm。

/ 民主
/ 自由
/ 宪政

离开中国,是在1991年。

20世纪80年代的中国,"民主自由"作为口号在呐喊,然而有一个规律:在个人自由尚不能得到充分保障的地区,对自由的呼唤往往是感性、文学性的。

美国民主却不偏重"不自由,毋宁死"的文学化重复讴歌,而是冷静成熟的法庭辩论和一步步司法界定。

第一本书始于1994年冬天,《历史深处的忧虑》。涉及自由,如何解决,司法是独立的技术活儿。案子又如同活生生的律政剧,让读者看到,自由不仅是具体的,也必须仰仗他人和社会支付代价才得以维护。在新的历史条件下,权衡安全需求,个人自由可能被迫暂时退让。

第二本书《总统是靠不住的》,人是靠不住的,掌握权力的官员是靠不住的,政府是靠不住的,一个权力或力量,必须由其他的力量来制约和平衡。民主制度的运作需要一个渗入全民血液的制度文化来支撑,这种文化应尽早通过公民教育来完成。

《如彗星划过星空》提醒读者,民主需要相应的社会文明程度去配合。美国国父们是一群古典政治家。他们对民众深切的同情可对"多数暴政"的警惕,同时存在。

50年代,中国出版翻译了大量著作,都是美国"左翼"的痛斥或对红色制度的理想颂扬。美国的出版自由保障了任何批评。这是明白人说的"美国左派害不了美国,却很可能把中国给害了"的原因。

返身去看美国,它始终处在一个各种来源的反对中。两百多年坚持下来的宪政文化,使得看上去散散乱乱的国民,其实内心自有他们的定力。

Essay 随笔

投入水中的一枚石子

来源于共识网。作者刘炎迅。
原文链接：http://www.21ccom.net/articles/rwcq/article_2014012299417.html。

/公众
/法治
/精神

　　她是清华大学的学生，入学时还是民国，毕业那年，已经改天换地，18岁的女青年，她迅速适应着新的一切。2013年12月，她的两本书《美国十讲》和《老生常谈》出版。前者侧重于史实，后者侧重于观点，一以贯之她多年来以常识论道、以理性立言的品格。

　　美国的独立战争，宣布独立过了11年之后，各邦代表才坐在一起，有了"联邦制宪会议"通过一部宪法，建立了一个国家。资中筠专门写了《谈出来的国家和打出来的国家和法治的关系》，她说："谈出来的国家一般是法治。"

　　"现代中国的知识分子缺乏担当的精神。中国古代士的精神，已经很少很少了，犹如花果飘零。资先生是少数的花果之一。"学者马立诚说。

　　八十年代早期，"智库"这个词刚刚被从美国引入中国。资中筠不认为中国的学者能够对政策制定产生多大影响力，即便正值"改革开放"。"我认为学者在中国的主要功能是帮助公众知情，从长远看，公众也许反过来会对决策圈子有某种正面的影响。"她把这种影响称为"涟漪效应"，熟悉资中筠的人都觉得，"她像那枚投入水中的石子"。

　　《美国十讲》里写到小罗斯福新政："提出新四大自由，其中两个新的自由——'免于匮乏的自由'和'免于恐惧的自由'。"假若，一些努力以和平、温和的方式推动社会改良的人，得不到正常途径的表达和沟通，"剩下的只有看似沉默的愚民，社会就危险了"。

　　学者余世存说："她的文字和人格尊严，传承了我们中国文化的立法者们称道的文明精神：自作元命。"

我的法官生涯百味

来源于江苏法院网,作者王臻,无锡惠山法院洛社法庭副庭长。原标题《我的法官生涯百味:在江苏法院预备法官培训班上的讲稿》。
原文链接:http://www.chinapeace.org.cn/2014-03/18/content_10708326.htm。

/ 法官
/ 修炼

同为法学院同学,我在用她十分之一的工资糊口,这才是世界上第二遥远的距离;因为世界上第一遥远的距离,是她在负责大合同时,我正在纠结离婚案里一个煤气罐该分给谁。

法官是不是一个值得我们为它涅槃的职业?经历、目标、心态架构起立场,每个人都是个顽固分子。法官们会持有特别生动的顽固。

在无法给出一个符合内心追求的判决时,诚恳地付出辛苦,能为案件的过程和结果架构一个通道,这个通道越结实,越具备说服力,越能得到理解。更何况,身体的辛苦是很快会消灭的。

人们尊敬"阿者梨先生",因为人们尊敬的,是这种自我约束的能力,辛苦人人都懂人人都不喜欢,就看谁拿出最大的勇气来对付它!法官主要是"心苦",这个社会最不开心的情绪,全都宣泄给了我们。

如果说法律是冰凉的,但法官可以用温暖的方法来传递它,它自然就带了温度。就是方法问题。我们用的是同一部法律,法官之间差别就是经验。先让人心柔软下来,才能给你将要传递的东西打开一条通道。

因为是法官,所以我们正好看到了利益面前人们放大的本性。对于任何一个有成熟的、积极的人生态度的人来说,别人表现得如何不应该影响到你自己表现如何,他人的行为只是自己品行的试金石。

我们的工作其实翻来覆去就是一件事:沟通。成为怎样的法官?享受寂寞,减少抱怨。对不公平待遇感到不满是一种很正常的心理。但是虽然抱怨无错,它也无用,甚至会抵消你做过的努力。而不抱怨是一种修炼。

READING 悦读

洗冤是法律人的社会责任
——《你好，真相》读后

本文原载《法治周末》2013年9月12日，发表时略有删节。作者田飞龙，北京航空航天大学人文与社会科学高等研究院讲师，法学博士，评论书目为特雷莎·马丁内斯·莫尔韦恩主编之《你好，真相！——蒙冤者的告白和他们的故事》，陈效等译，北京大学出版社2013年7月版。

原文链接：http://www.legalweekly.cn/index.php/Index/article/id/3510。

/ 洗冤
/ 程序正义

对于诸多经由美国"洗冤工程"组织而获得清白与自由的无辜者而言，确实构成了新生命的起点。一边是数十年的监禁乃至于死刑威胁，另一边却只是苍白的无罪宣告和10美元路费。

《你好，真相》收集了"重生"主题的13个故事和"心声"主题的28个故事。当然，洗冤者并不是革命者，他们诉求的只是美国法治系统的"升级"而非"卸载"，他们所展示的是现代法治形式的固有局限，是任何意图建立现代法治的国家都无法绕过的系统性风险。

程序正义救了辛普森，但并非每一个嫌疑人都如他那样幸运。

为什么程序正义会出错呢？职业律师的无效辩护；鉴定人的错误；警官的破案压力；检察官与法官的不当行为；目击证人的伪证；财富地位和种族身份在司法中的潜在影响；回避错案责任的"将错就错"逻辑等。表明程序法治的缺陷并非国有特色，而是全球现象。

如果没有强大的"洗冤工程"提供法律援助，书中提及的蒙冤者可能没有机会洗冤、展现自己的"重生"历程并加入洗冤者行列。这是美国公民社会的力量，其核心是公益法律人。他们往往是成功的律师或法学教授，其收入和道德水准超越了一般性的职业竞争层面，以"积极公民"的形象并运用法律专业知识从事公益性的法律援助。

同时，他们的援助还包括长期化的情感抚慰与生活救助，以真正"公民社会"的力量来拯救更多的蒙冤者。这一网络在法院之外构成了非制度化的"正义的最后一道防线"。成熟的法治显然离不开以法律主题聚集的公民社会的滋养。

《辩护人》，法律人何为

来源于共识网之思想者博客，作者羽戈为法律学者。
原文链接：http://yuge.blog.21ccom.net/?p=197。

/ 律师
/ 法治

电影《辩护人》在韩国上映，70天累计观影人次达11367698名。

电影的主角宋佑硕律师，原型是韩国第16任总统卢武铉。《辩护人》的主题是以宋佑硕的精神历程，呈现韩国民主化的崎岖血路。

历史背景是1981年的"釜林事件"。釜山地区的大学生及大学出身的活动家共22名青年，被指传阅危险书籍，并在戒严的情况之下进行非法聚会。片中的朴镇宇，即这22名青年之一。

"敏感案件"律师一般都不愿接手。宋佑硕代理此案第一个原因是为了报答当年朴镇宇的母亲对他的一饭之恩；第二个原因在于，他越发意识到，这个国家的政治何其专横，法律何其沉沦。

他的助手竭力反对：宋律师面前的八字眉豁然开朗，使劲踩油门都不够，怎么能踩刹车呢？宋佑硕答道："想让我的孩子们不要生活在因这种荒唐的事踩刹车的时代。"他坚信朴镇宇无罪，不惜"把自己安稳的人生一脚踹了"，这是一个法律人的责任与义务。

律师的义务，在于守护法律。问题由此浮现：在一个充满了恶法甚至无法的国度，律师何为，法律人何为？你可以承认"恶法亦法"，更必须指出"恶法亦恶"。当宋佑硕站在被告席上，釜山142名律师，共有99人出庭为他辩护。同为律师，宋佑硕在支撑法治的上限，那99人则在抬高法治的下限。宋佑硕的原型卢武铉跳崖自尽，未尝不是以死明志，自证清白。

2013年12月18日，《辩护人》上映。2014年2月13日，釜山地方法院对"釜林事件"二审宣判，改判被告人无罪。此刻，距离一审已经达33年之久。

READING 悦读

读《错案》的23点感悟

来源于《法律读库》，作者蓝向东，北京市东城区人民检察院检察长。
原文链接：http://www.shuixiangu.com/article-52235-1.html。

/ 无罪辩护
/ 非法证据审查

儿童证人的可靠性到底有多大？用《错案》上诉法院院长的话说："孩子们撒谎像喘气儿一样自然。"

对于强奸案中的智力低下被害人，除了要审查她的性防卫能力外，还应审查她是否患有癫痫之类的疾病。

对于久侦不破的案件，警察是多么希望嫌疑人自首！但是，请不要轻信自首者的供述。

当虚假供述越来越接近侦查人员所期待的事实时，一定是讯问环节出了问题。因此，对第一次供述的审查应格外重视。

如果公诉人养成轻视无罪辩护的思维习惯，很可能导致错误的起诉，甚至误导法官，最终酿成错案。

基于侦查一体的"包容性"，非法证据审查便在嫌疑人的沉默中流于形式。

正常人总是趋利避害的，嫌疑人为什么会做违心的供述？皮裤套棉裤，必定有缘故。

法官对有疑问的证人穷追不舍地盘问，最终使假证人现出了原形。仅对证人证言进行书面审查是很不够的。

"现场复演"或"侦查实验"在排除伪证方面往往发挥着不可替代的作用。

辨认的错误率是很高的，辨认应该是立体的。

媒体对案件细节的披露，对证人的影响非常大，这是一件可怕的事情。

要特别担心这样的情况，有的证人在相隔几个月甚至几年之后，又轻易地"认出"了他们实际上只见过一次面的人。

"鉴定错了，裁判就会发生错误，这是肯定无疑的。"

公正有两层含义：一个是排除合理怀疑的定罪，另一个是不能排除合理怀疑的开释。

那些被侮辱与杀害的素媛们

来源于豆瓣网，作者周冲。
原文链接：http://www.douban.com/note/337611810/。

/ 素媛
/ 正义

《素媛》是关于幼童性侵案的韩国电影，由真实事件改编。主人公素媛，一个五六岁的小女孩。一个下暴雨的清晨，她在上学路上被强暴了。医生重做了人工肛门，从此，她的腰间多了一个便袋，像被翻出的污秽内脏，伴随她阴霾密布的余生。

素媛也是幸运的。在于她生长在一个正常的社会里，民众以强大舆论和实际行动，督促法律对作恶者实施惩罚，并为受害者建立一个情感特区。

我想起我所亲历过的类似事件。晚自习的教室里，一个女生没有来。老师和家长报了警。作恶者轻而易举地被找到了，男人招供了他奸杀女孩的事实。这件事情在一个乏善可陈的小镇所引起的"蝴蝶效应"可想而知，"其实，这也并不能全怪那个男人，这种事情，两人都有错，怎么就不强奸别人呢？苍蝇不叮无缝的蛋……"

所有恶都是被预先允许了的，民众的愚昧与冷漠，一直在为其大开绿灯。当鱼肉开始为刀俎开脱，素媛们比比皆是，可她们的劫后余生中，只有流言与歧视接踵而至。中国乡村悲剧周围涌动的多是幸灾乐祸的快感。

电影里，当素媛躺在病床上，用怯弱的声音说："我做错什么了吗？"

错的是大人们，大人没有陪伴好你，没有建立健全的保护机制，没有理想的教育，法律没有弘扬正义、严惩罪恶，心理救助机构也不完善。从电影中出来，我所希望的极其有限，倘若很不幸被罪恶遇见了，在那围观事件的人群里，也不再有"呵呵"怪笑的声音。每个人都能怀揣着悲悯与同情，对那个被侮辱与杀害的素媛说：亲爱的宝贝，你没有错！

Reading 悦读

《身体的历史》：被禁锢的身体

来源于共识网之思想者博客，作者思郁。《身体的历史》（三卷本），编者乔治·维加埃罗、阿兰·科尔班、让·雅克·库尔第纳，译者杨剑、赵济鸿等，华东师范大学出版社2013年6月出版。

原文链接：http://siyu.blog.21ccom.net/?p=307。

/ 解放运动
/ 裸体文化

我们深陷在历史的泥淖之中。生活所有的源头都能从身体中找到诱因。

《身体的历史》中，身体这个概念表述得很复杂：先是身体重构了物质文明的核心，然后又将身体与艺术、信仰和意识的影响描绘了出来。

从关注身体本身开始关注身体以外的东西，身体变成了许多华丽而无用的物质载体。身体被浓妆艳抹的修饰遮蔽了，消费的身体代表了一种更加隐秘的欲望，赤裸裸的展现让位于一种含蓄而精明的烘托。

在古希腊时代，年轻人以近乎裸体被描绘出来，一丝不挂的身体只靠手持的盾牌与长矛来遮掩。这种裸体与雅典的民主式作风是一致的。雅典的民主强调公民彼此间要能吐露思想，正如男人要暴露他们的身体一样。

《身体的历史》最终的目光定格在二十世纪末，身体成为了我们消费和观看的对象。1960年的各种解放运动，大都是以身体的解放为依托，特别是妇女解放运动，伴随着波伏娃《第二性》的传播，身体成为了重新关注的焦点。二十世纪的身体以高喊着解放的口号伊始，却终结于意味深长的沉默。看似完全解放的身体，被另外一种更加隐秘的权力统治着，比如说时尚、潮流、欲望、政治……

古希腊裸体文化与当时的民主式的行为有关，身体是一种平等而自然的主体。但在我们的世界里，身体的触碰被认为是一种危险的信号。除了信任的缺失，这种身体的冷漠程度预示了一种更深层的缘由，一躯被规训过的身体。

READING 悦读

王军诗集《有念想的人》：
行吟法律的浪漫骑士

作者赵志刚。

原文链接：http://mp.weixin.qq.com/s?__biz=MjM5MDIyMTc2MA==&mid=200581223&idx=2&sn=82acdb9161f4addee119b823bb5d7ee1&scene=1&from=singlemessage&isappinstalled=0#rd。

今年国庆节期间，我以一个徒步者的身份第一次进入西藏。

在林芝地区沿着著名的川藏线318国道徒步。一路上我见到一些形形色色的人：有跋涉数千公里的骑行者，有如云水僧般独自行脚三年多的青年旅人，亦有几步一拜磕长头前往拉萨的朝圣者，我还与一位拄着拐杖的独脚背包客有过短暂的交流。

头顶是蓝天白云，右侧是奔腾不息的雅鲁藏布江，左边是悬崖峭壁，抬起头来，眼前美丽的景色有如天堂。然而，我的脚下却是几十公里泥泞不堪的"烂路"，疾驰而过的越野车溅起的泥水，往往瞬间覆盖我冲锋衣裤的背面，这看上去有地狱之感。

我徒步在这30公里漫长难行的路段，大脑在天堂和地狱之间陷于沉思，这一路上遇到的形形色色赶路的人，各自都在默默行进，他们到底是在寻找什么。

人的一生，都是在走一条永远都不能回头的路。路上的酸甜苦辣，悲欢离合，是每一个人的自我体验，别人是代替不了的。正如我所遇到的在漫长艰苦路途上为着不同目的赶路的这群人，在外人看来，可能有些不可理喻，但他们自己的内心却极有可能是快乐和满足的。

/ 精神
/ 诗人
/ 徒步者

西藏徒步之旅让我不禁想起另外一件事。

王军要把他近年来的诗作编成一本诗集出版，一天他到我办公室特意嘱我为这本诗集写一段文字。我因为和他同在一个机关大院工作，又是经常在一起户外徒步的驴友，相互之间太熟悉，反而觉得无话可说。此外，写诗不是我的强项，故而对他的诗集进行评论，显然不适合我，迟迟无法动笔。王军既然不找名家写前言和序，而嘱我率意而写，我觉得他是信任我的，还是勉力而为吧。

诗人王军是一个特别透彻的人、特别透明的人。他说话的时候，语言是犀利的，干脆直接地表达自己的观点，从不遮遮掩掩。但是，你看到他的目光是柔和的、是友善的，并没有一丝丝的恶意，从来都是对事不对人。坦坦荡荡，光明磊落，直抒胸臆，才能流出来美丽的诗。

我不知道他户外徒步的习惯是从什么时候培养起来的，也许是多年前他援疆任新疆维吾尔自治区检察院副检察长时吧！独自一个人在新疆，他利用业余和休假的时间用脚步丈量天山南北，为山河大地的美景所打动，从而直接导致一位边塞诗人的诞生。

喜欢户外的人，内心深处特别明亮，热爱生活。大家在一起徒步，行至艰难处，你帮我一下，我拉你一把，都是那么让人感动。还有在休息的片刻闲暇，大家各自分享所带的水果和食物，尽管是那么简约，却足够温馨。西山经典的户外线路香山八大处拉练，在徒步这条被简称为"香八拉"的长线拉练期间，我经常能够分享到王军优质的"军粮"，自私的我多以断食为由，什么也不带。

王军的诗作，充分展示了他对生活的热爱，讴歌大自然，讴歌他所接触过的人们。他的诗朗朗上口，没有词藻堆砌，没有看不懂的意象，没有任何的矫揉和造作。他的长诗《西徒小唱》，有两百多行，我曾经用山东普通话朗读过，也别有一番韵味，也得到过王军的肯定。

徒步和写诗，是他的业余爱好。我只能说，

READING 悦读

王军太具有专业精神了，才能把徒步与写诗做到这么好。他徒步山路，虎虎生风，速度极快，一般小伙子都追不上，哪看得出他是五十多岁的人呢。他写的诗洋洋洒洒，激情四射，我们也只有读的份儿了。他的专业精神，来源于长期的检察官的职业历练，严谨细致，一丝不苟。作为全国检察业务专家，经过他手的有影响力的大案要案不计其数，在全国检察机关公诉领域颇有口碑。

王军的诗作毫无疑问凝结着他的沧桑阅历与人生探寻。我注意到，他近来创作的"云经"系列作品，明显透露出一丝丝的禅机。云，来源于大地，又回归大地，那么自由自在，来去无踪。这系列作品中的一篇《圣地仆民》，已经被一位藏族著名的作曲家谱曲，并被歌者亚东演唱。诗人或许是要借这个作品系列，来传达或者表明自己的心境吧。

一个徒步者，一名诗人，一位资深检察官。很难把这三种角色集成在一个人的身上，因为这三者往往受到时空以及身份的限制无法圆融。但王军罕见地做到了，不，如果不是徒步赋予了更加热爱生活的底色，如果不是诗人的浪漫气质对于善恶的旗帜鲜明，那么就无法让他在传播和运送正义之中有如此的理性与激情。

王军在各种角色的不同转换中，不断拓展人生的厚度，并赋予检察官职业以浪漫的诗情画意，在作为他的万千粉丝之一的我看来，他无疑是一位行吟法律的浪漫骑士。

再回到开头我川藏线徒步之旅的感怀，我断定作为徒步者、诗人、资深检察官的王军，其内心是丰满而富足的，他依从内心的召唤，正在谱写着人生一首又一首美丽的诗篇。

你真的要好好读一下这本诗集。

愿你与我一起向这位诗人致敬。

极端刑罚的历史还原
——《杀千刀》读后

本文原载《法治周末》，发表时略有删节，作者田飞龙，系北京航空航天大学人文与社会科学高等研究院讲师，法学博士。
原文链接：http://www.aisixiang.com/data/66281.html。

/ 刑罚
/ 酷刑

"杀千刀"是西方人对"凌迟"之意译被反译为中文。1904年北京菜市口的王维勤凌迟照片进一步固化了西方人对"中国酷刑"和中国文明低等性的确信，然而，此刻也正是中国的政治领导层和法律改革家决意废除凌迟的临界点。

这是一本极有分量的海外汉学专著，通过法制史的长时段考察来呈现世界刑罚史中的酷刑演变和中国刑法制度内部的矛盾张力，对中国内部废除凌迟的思想与政治努力给予同情之理解。

《杀千刀》反复提到了一个"历史时差"，即极端残酷的刑罚在欧洲启蒙时代已逐步在刑事实践中消失，中国文明却依然停留于酷刑阶段。

酷刑是西方人在道德论辩上击倒"老大中国"的利器。殖民者试图让人确信只有彻底摧毁传统中国的文化与政治体系，中国式酷刑才可能被终结。

据作者考证，凌迟最早出现于契丹刑罚之中，其时正值辽宋对峙。几乎是在皇帝核准凌迟之法的同时，严肃批评即已产生，最著名者为陆游之《条对状》。自陆游始，从马端临、王明德、丘叡、钱大昕一直到执笔废除凌迟的沈家本，儒家士大夫一直致力于抵制凌迟的合法化。

值得补充的是，酷刑几乎是人类文明史的普遍现象。西方历史上的火刑以及与"解剖术"有关的死囚肢解刑同样极端残酷。

曾经最晚废除凌迟之类折磨式死刑的国度，如今已一跃成为世界上第二个明文规定最人道之注射死刑的国度。当然，中国与全面废除死刑还有很大的社会心理与制度距离。

POETRY 诗歌

POETRY 诗歌

蓝调 *

来源于微信公号朗诵爱情，作者老信 *。
原文链接：http://mp.weixin.qq.com/s?__biz=MjM5OTE1NTU5OA==&mid=201428422&idx=1&sn=7b0a8e1f197ddbd7ddbf2d22c441e841&scene=1&from=singlemessage&isappinstalled=0#rd。

（之一）

这是一个调
好多人哼
好多人哼不准

这个调在口琴的 24 个孔里呼吸
在萨克斯的管道里抽泣
在重金属的力量下吼叫
在爵士舞步

和电吉他的摇滚里
表达对所有不屑的不屑

这个调从乡村牧场拐个弯
钻进城市高楼的缝隙
这个调跑调了
在一个随便的地方歇脚
这个调忽忽悠悠
晃荡
像个病人的摇摆

---

* 蓝调（英文：Blues，又音译为布鲁斯），起源于美国黑人奴隶的灵魂乐、赞美歌、劳动歌曲、叫喊和圣歌。在诗歌里这个词常被用来描写忧郁情绪。
* 老信，一个一直喜欢诗的人。

有点不着调
这个调叫蓝调
蓝调不是蓝色的
蓝调没有颜色
蓝调是你摸不着的
蓝调是即兴的
蓝调是跳跃的
蓝调是夸张的
蓝调是忧郁的
蓝调是和声的
蓝调是孤独的
蓝调是穷人的
蓝调是失恋的
蓝调是时尚的
蓝调是纯粹的
蓝调是魔鬼的
蓝调是宗教的
蓝调充满怀念

我也喜欢哼这个调
我也哼不准
其实哼准了也是跑调
那次跑调的时候
正好你从我面前
一晃

（之二）

已经告诉你了
蓝调就是一个调
是一个哼不准的调

蓝调不是蓝色的
蓝调没有颜色
蓝调打败了所有的颜色
让所有的颜色
没有颜色

蓝调
其实就是我挂在家里的那块乱七八糟颜色的画布
以前挂的
是你的画像

（之三）

狰狞是笑的样子
忧郁是体检的健康证
呜咽撕裂心肺
蓝调是他妈个捣乱的调

POETRY 诗歌

圣地仆民

作词珲,作曲班玛。演唱亚东。

原文链接:http://bbs.shiandci.net/forum.php?extra=page%3D2&mod=viewthread&tid=264983。

你是纳木错清澈的湖水　　你是青藏高原圣洁的雪山　　（复）我要把今生的祝福
洗净我浑浊的心　　　　　召唤我虔诚的心　　　　　　化作你蓝天下的春雨甘霖
你是雪山温暖的阳光　　　你是雪域浩荡的春风
照亮我孤独的魂　　　　　轻拂我疲倦的魂
蓝天下飘扬的经幡　　　　蓝天下璀璨的白塔
指引我青春的向往　　　　寄托我此生的向往
那亘古摇转的经筒　　　　那苍茫遥远的朝圣路
唱响我生命的和音　　　　写满我无悔的追寻
她，喜马拉雅，布达拉宫　她，喜马拉雅，布达拉宫
我是高原的游子　　　　　我是高原的游子
我是圣地的仆民　　　　　我是圣地的仆民
我要把今生的祝福　　　　我要把来生的祈愿
化作你蓝天下的春雨甘霖　化作你蓝天下闪耀的祥云

# POETRY 诗歌

西徒小唱

作者王军。

原文链接：http://weekhill.com/thread-4123-1-1.html。

京城霸气倚西山
西山万拱始郊南
昨日霜降
今朝晓寒
我等行装简就
徒步西山大回环
时间约在八点半
始发珠联酒店

急行松翠山沿
微风拂煦
烟岚消散
但见城内萧然
城外悠然
近处疏落几家院
早市匆忙
车水马龙人语声喧
登山伊始
心舒畅
气匀缓
不消说
陡峭山崖在后边

奋起往高攀
跨沟渠河道

越石坡土坎
一路走
一路看
天容渐密
山颜渐宽
转眼入林间

不歇松鹤山庄
不屑文人绿苑
只羡秋菊俏山岩
衬得天高云儿淡
更有枫栌火炬
如霞似锦浓于染
这好景
心欢喜
步履越发矫健

草陌通幽路分岔
古槐掩隐佛字崖
左弯下寨是龚家
说龚家
赞龚家
不忌清苦
不羡奢华
坚居祖地植桑麻

真真是佳话
直行坡上三间房
枯草垃圾挂破窗
赤墨涂鸦黑白道
游人到此心已伤
又奈何
西山破处何止此一厢

朝前看
向远方
防火大道弯又长
左边翠微岭
右边虎岩嶂
紫烟八处
金香满堂
迂回一段走香道
尽情观赏西山红叶好风光
忽闻笑声朗朗
抵茶棚
兴高采烈再会陈老乡
清水一杯
问路循引
难为老汉热衷肠

POETRY 诗歌

西坡错落几家门	闲说志趣笑声频	红叶片片
山上一小村	凭栏望	经幡劲舞
来往驴友村前过	墙东朝客心往半炉虚香	更有天音落山涧
呜呜犬吠郁萧森	墙西行者志在高山凌云	
新马路	挟松涛	平途险道错山腰
通乡镇	揽白云	正值烈日当头照
南马水泽重建	前方坡缓恰好急行军	饮水充饥
苞谷红苕坡上耕		卸包歇脚
更有香盘甘露	转步晾脚丫	天南地北说说笑笑
难舍四季清新如早春	沟壑纵去	体能恢复
难怪道	山道横插	心力重整
乡民乐此安顿	林野无禾谷	午后路程山更高
	荒陌散菊花	
凛凛长坡新气象	白石岗上孤粮储	遥望峰巅望京楼
千红万紫缀金黄	天台浩气载摩崖	顶天立地瞰八周
登临高处展眼望	"勤俭为宝"	人在低处
云烟九点	将军忧思百姓护国家	心往高走
秋高气爽		好汉坡斜
蓝天白云皆是好文章	山脊逶迤	猴子岭陡
步也轻	马道艰难	一鼓作气
行也壮	参差石径九道弯	四百米直上嶙峋险峻老虎沟
攀跻高岭志高昂	龙杖扫荆棘	松风贯袖淋漓后
更何惧	跋涉出乔灌	依然精神抖擞
小鬼儿郎	迎面巍峨是险关	
哭啸山岗	试问挂甲人	人言此地打鹰洼
下坡咫尺快活林	英雄泪洒云间	英雄文武佳话
三路合一	看山下	京西古道
团伙几群	瓦屋点点	梨园岭下

芳草人家
驴友常走"香八拉"
未经此地
怎知望京楼外人文古雅
旧时繁华

前方山路势微平
大步朝东行
一路高歌
一路赏景
万寿山南玉泉山
温泉镇北凤凰岭
近看柔曼青岚峰头过
远眺浩渺都市高楼立如林
心色辉煌
处处是风景

到了四棵树
沙石平地两边路

六角亭台观气象
回环将尽云将暮
直行山穷处
四道急弯下坡路
隔梁不见憋死猫
但闻莺鹊声声惹人妒
抵近樱桃沟
心情愉悦催快步
樱桃沟
两山一岭夹灵秀
天拔水杉
潺潺清流
游人到此不忘瞻怀
"一二·九"
梯台上下
栈道幽幽
几枝黄柿
半壁红榴
正值秋闲假日

熙熙攘攘鼎沸如绸

西徒末段植物园
放慢步伐与人游
先谒任公园
再访卧佛寺
黄叶村前忆红楼
徘徊四周
最爱参天金杏
最奇御园怪柳
顾盼回首
秋光无限
男女老幼乐无忧

还想久留
此行西山大回环
六十里地不嫌够
执手相约下周六
再走

POETRY 诗歌

公牛血 *

来源于微信公号朗诵爱情，作者老信。
原文链接：https://mp.weixin.qq.com/cgi-bin/home?t=home/index&lang=zh_CN&token=1982036012。

---

* 公牛血，匈牙利红葡萄名酒。据传，在一次守城战役中，匈军将领命人搬来数桶红酒，说是公牛血，士兵喝了以后精神大振，击退敌兵。"公牛血"这个词后来由诗人 János Garay 于 1846 年创造。

红得发黑
纯得有些涩
甚至苦

在发酵的地宫里
排列的红酒都是有身世的宫女

宫女说
我是 1981 年的
我是 1997 年的
我是 2006 年的
我是 2008 年的

宫女的红唇比红的颜色还要灿烂
瞳仁里亮着红的光

宫女说
她们的名字都叫公牛血
是公牛血染红的
是公牛雄性力量
滴在她们身上的血

我牵走了离我最近的那位宫女
轻声说——
爱，是没有年份的

POETRY 诗歌

江边

来源于微信公号朗诵爱情,作者老信。

原文链接:https://mp.weixin.qq.com/cgi-bin/home?t=home/index&lang=zh_CN&token=1982036012。

风赶到江边　雨不声不响地就跟来了
天空压着低低的云团　撑开一把大大的黑伞
黑伞顶着风　怎么也挡不住
细雨斜斜

不一会儿　江边被打湿了
不一会儿　江边的这个城市被打湿了
不一会儿　城市的男人和女人就遭遇了也习惯了
一种湿漉漉的寒气和冷

因为寒气和冷
城市和人安静得很

就在此时　我先是想到一壶酒
后来　想到一把剑
后来　想到古墓的一片竹简　想到一盏灯　想到一条鱼
再后来　你猜我想到什么

呵呵　我想到一个拥抱
风雨江边
一个拥抱　它的温度让我暖暖地想了一个下午

图书在版编目（CIP）数据

法律读库. 2014 年. 第 1 辑 / 赵志刚，李保唐主编. ——北京：中国检察出版社, 2014.12
ISBN 978-7-5102-1329-8

Ⅰ.①法… Ⅱ.①赵…②李… Ⅲ.①法律—丛刊 Ⅳ.① D9-55

中国版本图书馆 CIP 数据核字 (2014) 第 274474 号

中国检察出版社

书　　名	法律读库 2014 年第 1 辑
ISBN 978-7-5102-1329-8	

执行主编　赵志刚
责任编辑　王佳语　侯书钊
美术编辑　尚夏丹
技术编辑　蒋　龙
出版发行　中国检察出版社
地　　址　北京市石景山区香山南路 111 号（邮编 100144）
邮　　箱　zgjccbsfxb@gmail.com
发行电话　（010）68650015　65680016　68650029
新浪微博　@ 中国检察出版社
印　　刷　北京墨阁印刷有限公司
成品尺寸　185mm×260mm
版　　次　2014 年 12 月第一版
印　　次　2014 年 12 月第一次印刷
印　　张　18.75
字　　数　377 千字
定　　价　58.00 元

·本书如有缺页、破损、装订错误，可向本社调换·